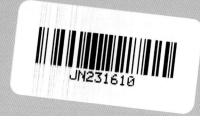

The Ultimate Collection of Business Frameworks

ビジネスフレームワーク図鑑

すぐ使える問題解決・アイデア発想ツール70

株式会社アンド【著】

SE
SHOEISHA

本書内容に関するお問い合わせについて

このたびは翔泳社の書籍をお買い上げいただき、誠にありがとうございます。弊社では、読者の皆様からのお問い合わせに適切に対応させていただくため、以下のガイドラインへのご協力をお願い致しております。下記項目をお読みいただき、手順に従ってお問い合わせください。

●ご質問される前に

弊社Webサイトの「正誤表」をご参照ください。これまでに判明した正誤や追加情報を掲載しています。

正誤表　https://www.shoeisha.co.jp/book/errata/

●ご質問方法

弊社Webサイトの「刊行物Q&A」をご利用ください。

刊行物Q&A　https://www.shoeisha.co.jp/book/qa/

インターネットをご利用でない場合は、FAXまたは郵便にて、下記"翔泳社 愛読者サービスセンター"までお問い合わせください。

電話でのご質問は、お受けしておりません。

●回答について

回答は、ご質問いただいた手段によってご返事申し上げます。ご質問の内容によっては、回答に数日ないしはそれ以上の期間を要する場合があります。

●ご質問に際してのご注意

本書の対象を越えるもの、記述個所を特定されないもの、また読者固有の環境に起因するご質問等にはお答えできませんので、予めご了承ください。

●郵便物送付先およびFAX番号

送付先住所　〒160-0006　東京都新宿区舟町５

FAX番号　03-5362-3818

宛先　(株)翔泳社 愛読者サービスセンター

※本書に記載されたURL等は予告なく変更される場合があります。

※本書の出版にあたっては正確な記述につとめましたが、著者や出版社などのいずれも、本書の内容に対してなんらかの保証をするものではなく、内容やサンプルに基づくいかなる運用結果に関してもいっさいの責任を負いません。

※本書に掲載されているサンプルプログラムやスクリプト、および実行結果を記した画面イメージなどは、特定の設定に基づいた環境にて再現される一例です。

※本書に記載されている会社名、製品名はそれぞれ各社の商標および登録商標です。

はじめに

皆さまには今、何か実現したいことはあるでしょうか。新しいサービスをつくりたい、営業で成果を上げたい、チームのパフォーマンスを高めたいなど、日々さまざまな挑戦に励まれていることかと思います。

本書は、その実現したいことの解像度を高め、実現するためのカタチを作ること、共に実践する仲間を巻き込んでいくことを目的としています。何かやりたいことがある、何か解決したい問題がある。しかし何をどう実行すればよいのかがわからず、理想と現実の狭間でヤキモキしているという方にこそ、手に取っていただきたい1冊です。

「悩む」と「考える」は、似ているようでまったく異なります。「考える」とは、目的・目標となるゴールを目指して、それを達成するための戦略や方法論を考えることです。一方、「悩む」とは、ゴールや制約が曖昧で、何を考えればよいかが不明確なまま、思いわずらっている状態をいいます。悩んでいる状態では、想いはあるのにうまく進まず、モヤモヤした気持ちを抱えることでしょう。

このような暗中模索な状態を脱し、一歩踏み出す機会や場を作るための1つの方法論として、フレームワークは心強い武器になると考えています。フレームワークの活用法について紹介している書籍はこれまでにも多数出版されていますが、本書では改めてその全体像と、厳選したフレームワークの解説をしています。そして、個人での活用だけでなく、組織やチームでの活用にポイントを置いて、内容を構成しています。自らの意志を持ち、何かに挑戦しようとする人にとって、問題解決の一助となれば幸いです。

最後に、私のこれまでの人生の中で、プランニング、マーケティングの体系を築いてくださった株式会社 企画塾 高橋憲行先生、即行動することの大切さを教えてくださった高橋恵さん、そして共に実践をしてくださったクライアントの皆様、出版のお声がけをいただいた翔泳社の秦さん、素敵なデザインを寄せてくださったnext door design様に感謝致します。

2018年8月
小野 義直

本書の使い方

本書では、ビジネスのさまざまな場面で使えるフレームワークを解説しています。以下のように、活用場面ごとに分類していますが、各フレームワークの使い方は1つだけではありません。ご自身の状況に合わせて、柔軟に利用してください。解説の中にも、活用法のヒントが含まれています。

第1章………問題・課題を発見するフレーム（8種）
第2章………市場を分析するフレーム（13種）
第3章………課題解決のアイデアを練るフレーム（10種）
第4章………戦略を立案するフレーム（14種）
第5章………業務を改善するフレーム（10種）
第6章………組織をマネジメントするフレーム（11種）
第7章………他者に伝える・共有するフレーム（4種）

●読者特典について

本書で紹介しているすべてのフレームワークは、PowerPoint形式のテンプレートを用意しています。そのままPCやタブレットで使っても便利ですが、紙に印刷してチームメンバーと話しながら書き込むのもよいでしょう。以下のURLよりダウンロードしてください。

翔泳社『ビジネスフレームワーク図鑑』特典ダウンロードページ
https://www.shoeisha.co.jp/book/present/9784798156910

※「翔泳社　ビジネスフレームワーク図鑑」で検索しても見つかります。
※読者特典を入手するには、無料の会員登録が必要です。画面にしたがって必要事項を入力してください。すでに翔泳社の会員登録がお済みの方（SHOEISHA iDをお持ちの方）は、新規登録は不要です。

ページ紹介

本書には2つのタイプの解説ページがあります。1つは、フレームワークを使う前に知っておきたい基本的な考え方の説明です。もう1つは、フレームワークの使い方や記入例が掲載されたページです。

基本的な考え方の説明ページ

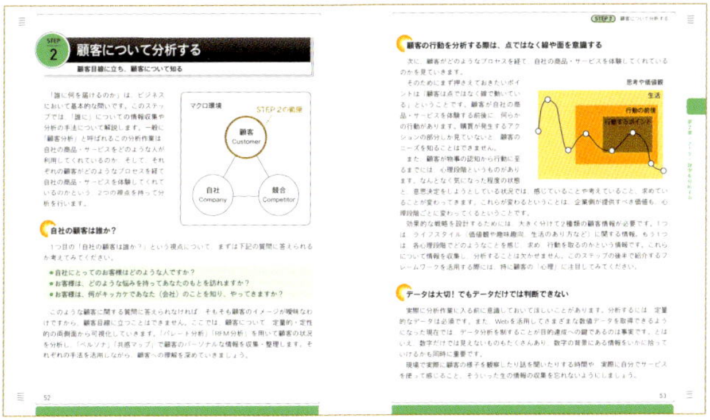

フレームワークの解説ページ

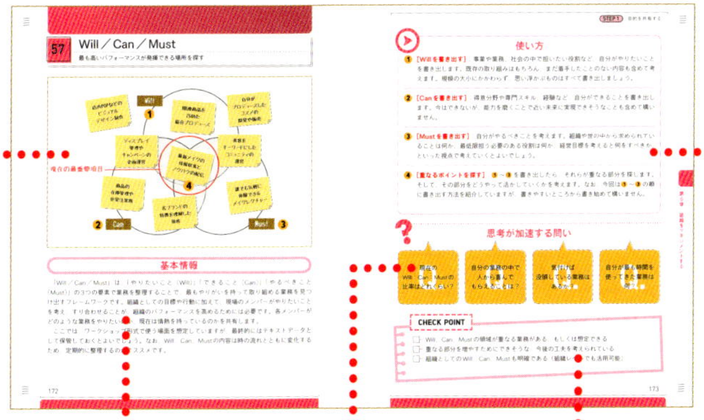

記入例：すべてのフレームワークで記入例を示しています。まずイメージをつかみましょう。

使い方：フレームワークの使い方を順番に沿って説明します。

基本情報：そのフレームワークがどういうものか、概要を説明します。

思考が加速する問い：発想を助け、フレームワーク活用前後のアクションも促します。

CHECK POINT：フレームワークの記入が済んだら、ここを参考にきちんと使えているか確認しましょう。

目次

序章

フレームワークを活用するために

フレームワークを利用する際の心構え

基本的な考え方を知っておく

フレームワークの具体的な解説に入っていく前に、まずフレームワークとは何か、フレームワークが持つ役割とは何かということについて触れておきます。

フレームワークとは

まず初めに、「フレームワーク」とは何かについてお話しします。フレームワークとは、「枠組み」のことです。何かを考えたり分析したりする際に一定の枠組みを設けることで、何を考えるべきなのか、何を整理すべきなのかを明確にし、思考を加速させることができます。

例えば「競合を調査しよう」と考えたとき、漠然と情報を収集するのではなく、4P（参照→18）の構成要素である「製品」「価格」「流通」「販売促進」の４つの要素について分解して考えた方が、具体的な情報を集められます。

このように、特定の目的を果たすために、目を向けるべきポイントや指標、範囲、流れなどを標準化した、先人たちが残してきた知の財産がフレームワークなのです。

自分たちに最適なフレームワークの活用方法を模索する

ただし、フレームワークは万能なのかというと、それは違います。問題解決のための大きなヒントをくれる存在ではありますが、フレームワークですべてがうまくいくわけではありません。個々の状況や目的によって、最適な枠組みというのは微妙に異なるからです。

フレームワークをまず埋めてみるという姿勢は大切ですが、それ自体が目的化してしまっては本末転倒でしょう。なぜそのフレームワークを使うのかを常に意識し、既存のフレームワークをカスタマイズして、自分たちにとって最も有効な活用方法を考えていくことが重要です。言うなれば、読者の皆様が、本書を『フレームワーク図鑑2.0』へアップデートしていくような、そんなイメージで活用してほしいと考えています。

共通の認識を作る

フレームワークとは「枠組み」のことで、思考を加速させる役割があると述べました。さらにもう1つ、フレームワークには大きな役割があります。それは、問題解決に関わるメンバー間の「共通認識」を作ることです。

同じことを見聞きしても、人によって感じることや考えることは異なります。1つの目的達成に向けて複数のメンバーが関わる場合、認識がズレていると少しずつ歪みが生まれ、気付けば問題が深刻化し、企画やプロジェクトが空中分解してしまうことになりかねません。

例えば、アイデア発想の場面では、何を切り口として考えるのかという認識を揃えたり、目指している姿についての認識を揃えたりする必要があります。目標設定の場面では、意思決定の基準となる優先順位の認識を揃える必要があるでしょう。戦略や戦術の具体的なイメージを考えるときは、言葉の意味や定義を確認することが必要不可欠です。

1つの目的達成のために、部門や部署、組織間を横断したメンバーでチームを組むことが増えている現代において、認識を揃えること、共通の言語を持つことの重要性は増しています。それらを作っていくために、フレームワークは有効でしょう。

活用のために必要な視点

フレームワークを利用する際は、「Why」「What」「How」を意識する必要があります(ファシリテーターを担う場合は特に)。なぜフレームワークを活用するのか、それを用いて何をしようとしているのか、そしてどう使うのかといった視点を持って、それぞれのフレームワークを活用してください。

本書では、たびたびこの視点に触れながら、各フレームワークを紹介しています。個人での活用はもちろん、複数人での活用も意識しながら解説します。フレームワークで議論の内容を整理し、可視化して、次の議論へと歩みを進めていきましょう。

本書の構成について

本書では、70種類のフレームワークを、場面別に7つの章に分類して紹介しています。全体として、問題の発見から解決までの流れに沿ってまとめました。問題解決までのステップは、時と場合、状況に応じて変わるものではありますが、どこから手を付けるべきか悩んだ際には、本書の流れを参考にしていただければと思います。

＜本書の構成＞

第1章：問題・課題を発見する
第2章：市場を分析する
第3章：課題解決のためのアイデアを練る
第4章：戦略を立案する
第5章：業務を改善する
第6章：組織をマネジメントする
第7章：他者に伝える・共有する

第1章〜第4章は、主に問題発見から解決策の立案に関するフレームワークや考え方について扱っています。第5章〜第6章では、それらを実行する際に使えるものを解説します。具体的には、業務の可視化や改善、組織のマネジメントに使えるフレームワークを紹介しています。第7章では、第1章〜第6章で考えた内容を他者と共有する、もしくは提案する場合に役立つエッセンスを盛り込みました。

また、思考中に持っておくとよい視点を提供するという目的で、各フレームワークの解説ページでは「思考が加速する問い」をセットで紹介しています。各フレームワークへの入口となるような問い、視点を変える問い、アクションを促す問いなどを設定しました。自分たちがフレームワークを最も効果的に活用するための問いを加えながら、活用してみてください。

そして、達成度を測る目印として、チェックポイントも掲載しています。フレームワークをどのくらい活用できているか、確認のために参考にしてください。さらに、各フレームワークのテンプレートと簡易なサンプルも掲載しています。

第1章

問題・課題を発見する

STEP 1

問題をあぶり出す

あるべき理想の姿と現状を比較し、問題を可視化する

問題を発見するための最初のステップでは、あるべき理想の姿と現状を書き出し、そのギャップを把握・整理します。あらゆる問題解決はこの作業から始まり、ギャップを埋めるためにどのようなことに取り組むのか、どんな体制で実施していくのかを設計していきます。データや頭の中から、想定される問題を網羅的に書き出していきましょう。

問題とは、あるべき理想の姿と現状のギャップ

まず、「問題とは何か」という概念を押さえておきましょう。例えば「売上を月に1,000万円上げたい」という理想の姿を描いたとして、現状の売上が月に500万円だとすると、そこには「500万円不足している」というギャップが存在しており、そのギャップのことを「問題」と呼びます。また、「クレーム０件」を理想としていて、実際には10件のクレームが発生しているのであれば、「10件のクレームが発生している」というのもギャップであり、問題ということになります。

問題と課題の違い

問題と課題の違いについても述べておきます。例えば、前述のように「売上を月に1,000万円上げたい」けれど、「500万円不足している」という問題が存在しているとします。この場合、その問題を解決していくために必要となる「営業訪問先を10社増やす」などの具体的に取り組むべきことが「課題」です。問題解決の現場においては、まず問題の明確化があって、その後に課題の設定、さらに解決策の策定と実施、という流れが続いていくわけです。

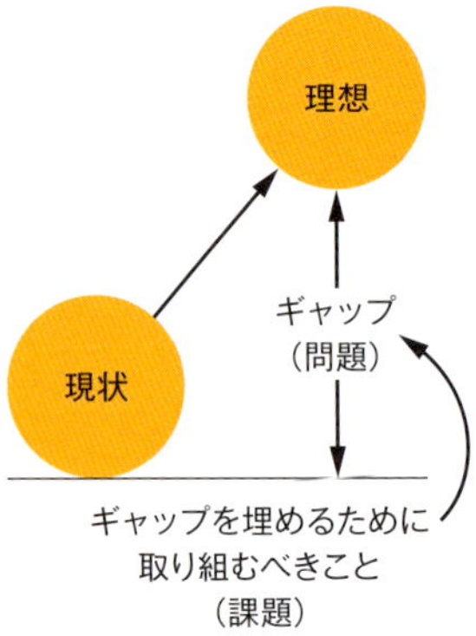

網羅的に書き出すことが重要

STEP 1では問題を発見していきます。ここで押さえておきたいポイントは、「問題を網羅的に書き出す」ということです。抜け漏れやダブりなく書き出すことや、問題の本質的な部分まで深掘りして考えることが大切です。

問題を書き出す際にありがちなのが、表面的な部分しか見ていないという状態です。パッと見てわかる問題ではなく、その根幹にこそ重要な問題が潜んでいます。問題を深掘りしていくために一番シンプルな方法は、「Why（なぜ）？」と問いかけることです。「なぜ」という疑問詞はとてもパワフルで、こう問いかけることで、問題の原因や周辺の検討要素などを掘り下げていくことができます。

フレームワークを活用する

しかし、問題を書き出そうと思っても、いきなり自分1人で問題を書き出していくのは難しいもの。そういうときにこそ、フレームワークが活躍します。思考の幅を広げたり、深掘りしたりするためのフレームワークを、このステップでは4つ紹介します。個人またはチームで活用してみてください。

まずは、あるべき理想の姿と現状を書き出す「As is／To be」。あるべき理想の姿「To be」と、現状「As is」を整理し、そのギャップ（問題）を分析するために活用されるフレームワークで、このステップのメインとなる手法です。

そして、それらのあるべき姿、現状、ギャップを書き出す作業を促進してくれるのが、「6W2H」「なぜなぜ分析」「コントロール可能／不可能」といったフレームワークです。「誰が」「誰に」「いつ」「何を」「どこで」「なぜ」「どうする」「どのくらい」、といった要素から物事を多面的にとらえるのが「6W2H」です。さらに、「なぜ」という問いを繰り返して問題を深掘りしていく「なぜなぜ分析」などを活用し、問題の全体像をあぶり出していきます。

また、第3章で解説する「マンダラート」を活用し、強制的に思考を広げるという選択肢もあります。問題の整理については後のステップで整理しますので、ここではひとまず、抜け漏れなく出力（アウトプット）することが大切です。

01 As is ／ To be

あるべき理想の姿と現状の間にあるギャップを可視化する

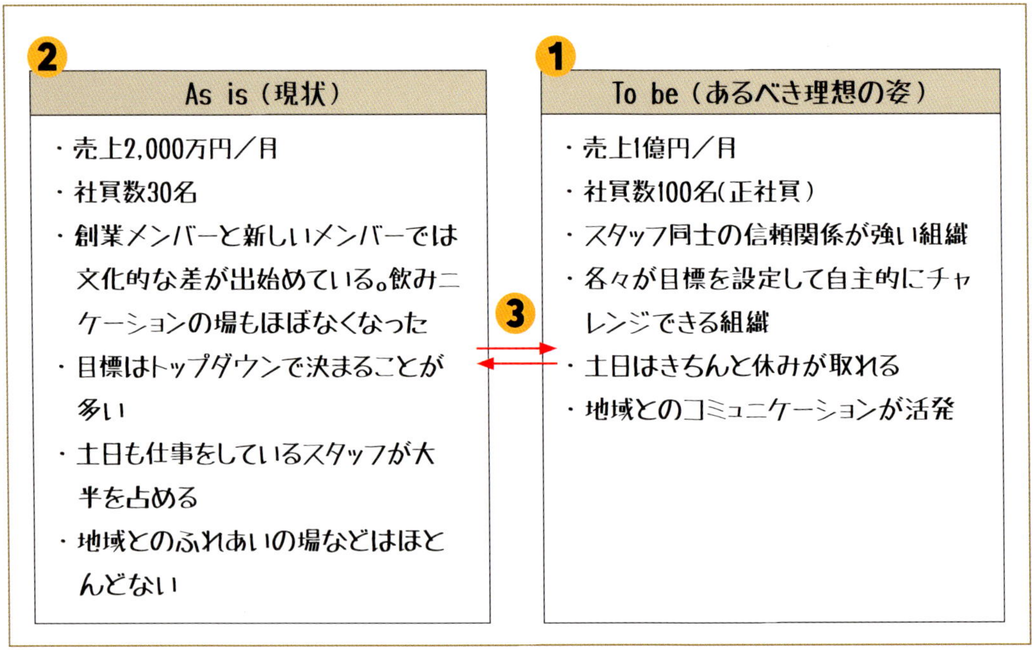

2
As is（現状）
・売上2,000万円／月
・社員数30名
・創業メンバーと新しいメンバーでは文化的な差が出始めている。飲みニケーションの場もほぼなくなった
・目標はトップダウンで決まることが多い
・土日も仕事をしているスタッフが大半を占める
・地域とのふれあいの場などはほとんどない
3
1
To be（あるべき理想の姿）
・売上1億円／月
・社員数100名（正社員）
・スタッフ同士の信頼関係が強い組織
・各々が目標を設定して自主的にチャレンジできる組織
・土日はきちんと休みが取れる
・地域とのコミュニケーションが活発

基本情報

「As is／To be」は、あるべき姿「To be」と現状「As is」のギャップを可視化し、そのギャップを埋めるための方法を考えていくフレームワークです。このギャップが「問題」であり、あらゆる問題解決の第一歩は、この理想と現状の比較から始まります。

本章では、問題を抽出した後、その問題について深掘りする方法をこのSTEP 1で説明します。問題を解決するためのアクションである「課題」を設定する考え方については、次のSTEP 2を中心に解説していきます。

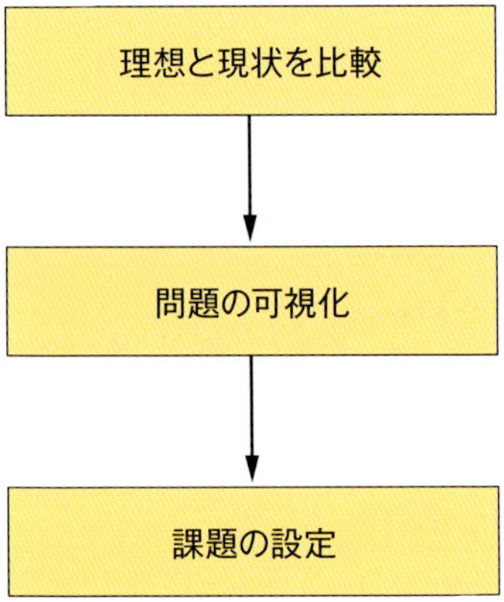

理想と現状を比較
問題の可視化
課題の設定

使い方

1 **[あるべき理想の姿を描く]**：自分たちの未来を想像し、ありたい姿を描きます。箇条書きで書き出すところから始めても構いません。まずは思い浮かぶ要素をすべて書き出し、後で整理します。

2 **[現状を整理する]**：理想の姿に対して、今どのような状況にあるのかを書き出して整理します。売上や資源、スキル面などの定量的な情報に加えて、メンバーがどのような希望や感情を抱いているのかなど、定性的な情報も書きましょう。なお、理想の姿と現状は、片方ばかり考えるのではなく、双方を見ながら整理していくのがオススメです。

3 **[ギャップを分析する]**：理想と現状との間にあるギャップを分析します。このギャップが「問題」となります。左の列でいえば、「売上が8,000万円／月不足している」「社員数（人手）が70名不足している」などが考えられます。この問題について、6W2H（参照→02）やなぜなぜ分析（参照→03）を用いて深掘りします。

思考が加速する問い

- Q. 理想までの到達度は今、何％くらい？
- Q. 到達度を10％上げるためには、何ができる？
- Q. 100倍の成果を目指すとしたらどうする？
- Q. 重要な問題はどれだろうか？

CHECK POINT

- [ ] 自分たちが到達したい、あるべき理想の姿を言語化することができている
- [ ] 自分たちの現状について正確な状況を理解し、何が問題であるかを把握できている
- [ ] 問題が存在しているという認識をチームで共有できている

02 6W2H

8つの問いを用いて問題を多面的にとらえる

Who 誰が ・入社3年目まで ・営業部門でやる気のあるメンバー	Whom 誰に ・上司との関係に不満を持っている	What 何を ・昨年度入社の50名のうち、6名が辞めてしまっている 2
How どのように ・だんだんコミュニケーションが希薄になってきて、突然退職の意思を告げられる	1【問題】 若手社員の定着率が低い ※すぐに辞めていく	Why それはなぜ ・営業課の業務の進め方が変わっていて、ついていけないメンバーが辞めているようだ
When いつ ・ある程度、実力がついてきたなと感じるようになったあたりで辞めていく	Where どこで ・東京エリア	How much いくらで ・1人あたり平均300万円ほどの採用コストがかかっている

基本情報

思考を広げるために必要な、ベースとなる問いを網羅してくれるのがこの「6W2H」です。6W2Hとは、「Who」「What」「Whom」「When」「Where」「Why」「How」「How much」の8つの疑問詞を用いて、物事やテーマ、問題、課題などを多面的に考察するフレームワークです。問題の分析や整理、情報収集する項目の整理、アイデア発想、あるいはヒアリングツールとして、情報を整理する必要があるいろいろな場面で活躍します。

テーマに対してさまざまな角度から問いを投げかけることで、思考が広がり、それまで気付いていなかった視点を得ることができるというメリットがあります。「問題についてもう少し多面的に考えたい」というときに、ぜひ活用してみてください。

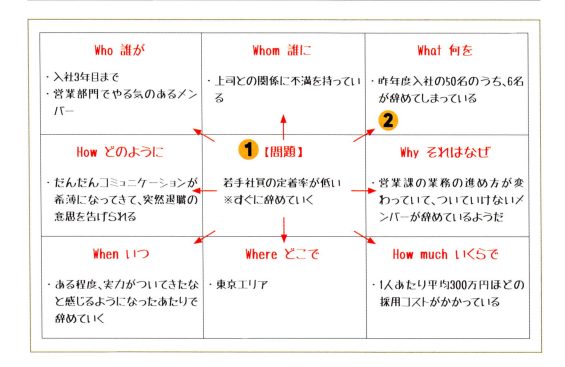

使い方

❶ **[テーマを決める]**：テーマ（左の例では「問題」）を設定し、中央に記入します。

❷ **[情報を広げる]**：テーマに対して、8つの疑問詞のそれぞれに回答しながら、思考を広げていきます。各疑問詞で考えるべき点は、下記の切り口を参考にしてください。

＜6W2Hを問うときの切り口の例＞

Who	人物や組織、役割（を持った人）、グループなど、主語を明らかにする
What	問題や事象、商品やサービスなど、考察する対象について事実や構造を明らかにする
Whom	ターゲットや関係人物など、対象「者」を明らかにする
When	実行日や納期など、時間軸（期間やタイミング）を検討する
Where	場所や位置、地理情報やエリアなどを検討する
Why	目的や原因、意義や前提条件、狙い、意図を明らかにする
How	手段やプロセス、方法、手順、構造などを明らかにする
How much	時間やお金、人材など、資源を検討する

思考が加速する問い

Q. 問題について正確に理解しているか？

Q. この問題が起きる典型的なシチュエーションは？

Q. なぜこの問題が生まれている？

Q. 無意識に目を背けている点はないか？

CHECK POINT

- □ テーマについて偏りなく情報を網羅できている
- □ テーマについて、文章で説明できるようになっている
- □ 思考を広げた先に曖昧な情報がある場合は、その情報についても考えられている

03 なぜなぜ分析

問題の原因を深掘りする

1 店舗Aで新入社員のBさんが商品の発注ミスを起こしてしまった

それはなぜ？①

2 Bさんは数値の入力ミスに気が付かなかった

それはなぜ？②

3 発注業務に関する確認が甘い

それはなぜ？③

4 チェックのフローやルールがない

それはなぜ？④

現場のフローやルール設計は店長に任せっぱなしで属人的

それはなぜ？⑤

全店共通のマニュアルがない

基本情報

「なぜなぜ分析」は、問題に対して「なぜ？」と繰り返し問いかけることで、原因を明らかにするフレームワークです。問題を解決するためには、その原因を正確につかむ必要があります。問題の表層部分しか見ずに対策を行うと、その場ではなんとかなっても、根本が解決できていないために問題が再発しかねません。解決しようとする問題の奥深くにある根本的な原因を明確にしたうえで、それを取り除くための対策を立てることが重要です。

なぜなぜ分析を用いて問題を深掘りすることはもちろん、このフレームワークを通じて「なぜ？」と問い続ける習慣や、思考する体力を養ってほしいと思います。

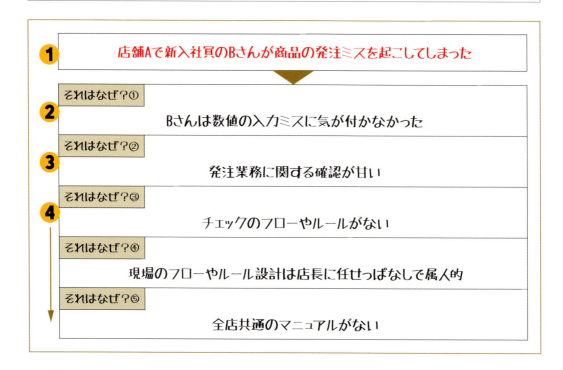

使い方

1 [問題を設定する]：分析する問題を設定します。1回のなぜなぜ分析で扱う問題は、具体的な内容を1つに絞っておくことがポイントです。

2 [なぜ？と問いかける]：「それはなぜ？」と問いかけ、問題が発生した原因を書き出します。

3 [さらになぜ？と問う]：書き出した原因に対して、また「なぜ？」と問いかけ、さらにその原因を探索します。

4 [3を繰り返す]：以降、3を繰り返します。「この原因を改善することで、最初に掲げた問題の解決が可能なことを論理的に説明できる」という段階まで掘り下げます。また、左の例は1つの問題に対して1つずつ原因を書き出す形式ですが、複数の原因が考えられる場合もあります。そのときは、ツリー状に原因を分類し、それぞれの原因についてなぜなぜ分析を行います。ツリー状にする考え方については、ロジックツリー（参照→05）を活用してください。

思考が加速する問い

- Q. 前提を疑うことができているか？
- Q. 問題についてどれくらい深く考えているか？
- Q. この問題について最も詳しいのは誰？
- Q. 似ている問題はないか？

CHECK POINT

- □ 論理が矛盾せずに整理できている
- □ 中立的に考えられている（主観に頼った属人的な分析になってはいけない）
- □ 原因について、素直にありのままを書いている（評価を気にしてごまかさない）

04 コントロール可能／不可能

自分たちに変えられるものを知る

コントロール可能		コントロール不可能	
商品がマンネリ化してきて、飽きられてきた	後継者が見つかっていない	商店街がシャッター街化して、人通りが減った	仕入先の会社が倒産して、仕入コストが上がった
Webを活用した広報やPRができていない	技術を伝承する仕組みやマニュアルがない		大手モールが進出し、1点ものアイテムの需要が低下

1

基本情報

「コントロール可能／不可能」とは、自分たちの努力で解決できる問題と、自分たちではどうにもできない問題とを切り分けて考えるためのフレームワークです。

コントロール不可能なものとは、社会的な動きに支配される要因が絡んでいたり、業界ルールや取引先など、他者の意思決定に高い割合で依存するものです。一方、内部的な要因や、自分の行動や思考が原因の問題は、コントロールが利きやすく、解決の可能性が高いでしょう。

コントロール不可能な問題は無視してよいわけではありませんが、どうがんばっても変えられないものを議論したところで、時間がいくらあっても足りません。コントロールの可否で問題を分類することで、時間を有効に活用できます。実効性を重視して問題を抽出し、議論したい場合に使ってみてください。

使い方

準備 **[問題を書き出す]**：思い浮かぶ問題や、普段感じている困ったことを書き出します。複数人で行う場合は、付箋1枚につき1つずつ問題を書いていくとよいでしょう。

1 **[分類する]**：左の例のような紙やホワイトボードを用意します。そこに、**準備**で書き出した問題がコントロール可能か不可能かを分類します。この段階では、問題を挙げた人の判断で分類して構いません。

2 **[内容を深掘りする]**：分類できたら、対話しながら深掘りしていきます。可能・不可能の分類は正しいかどうか、可能に分類した問題の中で特に気になるものはどれか、解決するにはどうすればよいのかなど、アイデアを出し合います。また、コントロール不可能でも、自分たちで打開できそうな発想がないか、一度は考えてみるとよいでしょう。これまでの認識を超えるような発想が生まれると、とても意義があります。これらの切り口で対話することで、問題に対する多面的な理解を深められます。

思考が加速する問い

Q. 今、自分たちは何を考えるべきだろうか？

Q. コントロール不可能である主な要因は？

Q. 自社ではコントロール不可能な問題を他社はどうしている？

Q. コントロール可能な問題の解決策は？

CHECK POINT

- ☐ コントロール可能か不可能かの境界線が共有できている
- ☐ コントロール不可能な問題について、本当に不可能かを議論できている
- ☐ コントロール可能な問題の解決策につながるアイデアが出ている

STEP 2

問題を整理する

書き出した問題と集めた情報を整理する

問題のあぶり出しができたら、次はその問題を整理し、課題の設定を行い、解決策の方向性を検討していくステップに移ります。問題の大小にかかわらず、情報の抽象度や関係性を整理する能力は、ビジネスシーンにおいて欠かせない必須のスキルです。ロジックツリーやMECEなど、基本を知っておきましょう。

整理の大まかな流れ

問題を整理するときは、「①STEP 1で挙げたような問題に抜け漏れがないかをチェックする」「②グルーピング（分類）する」「③論理的に整理する」というのが基本的な流れとなります。

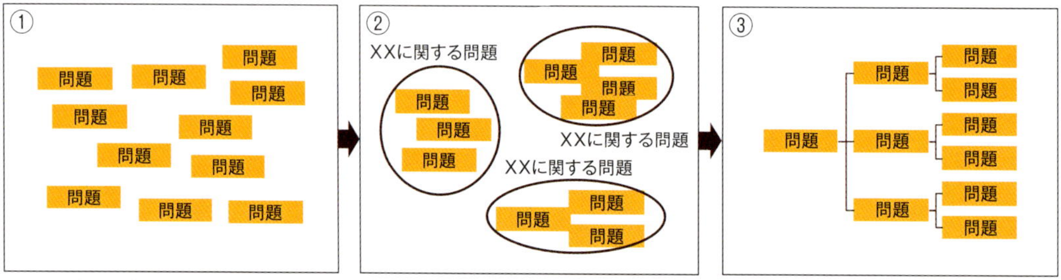

問題が点で存在している　問題が分類できている　問題の階層と関係性が整理できている

問題を整理する際に重要なことは、情報の抽象度・具体度をきちんと考えて整理するということです。これは個人で考えるときはもちろん、複数人で対話を行う場合には特に重要になります。例えば、一方は事業方針レベルの問題について話していて、もう一方は現場のオペレーションレベルの問題について意見を述べているという状況では、議論がかみ合いません。経営者とスタッフ間で起こるすれ違いとしては、よくあることではないでしょうか。

このような状況を避けるため、問題について話し合うときには「どのくらいの抽象度（具体度）の話をしているのか」を一致させる必要があるというわけです。後述するロジックツリーの考え方を用いることで、情報の抽象度、つまり情報の「階層」や「関係性」を整理して可視化することができます。

「漏れなくダブりなく」を意識して問題を整理する

問題を整理する際には、情報に抜け漏れ、ダブりがないかを意識します。「漏れなくダブりなく」情報を整理するという考え方は、「MECE（ミーシー）※」と呼ばれ、フレームワークを活用する大前提として必要な考え方でもあります。あわせて理解しておきましょう。

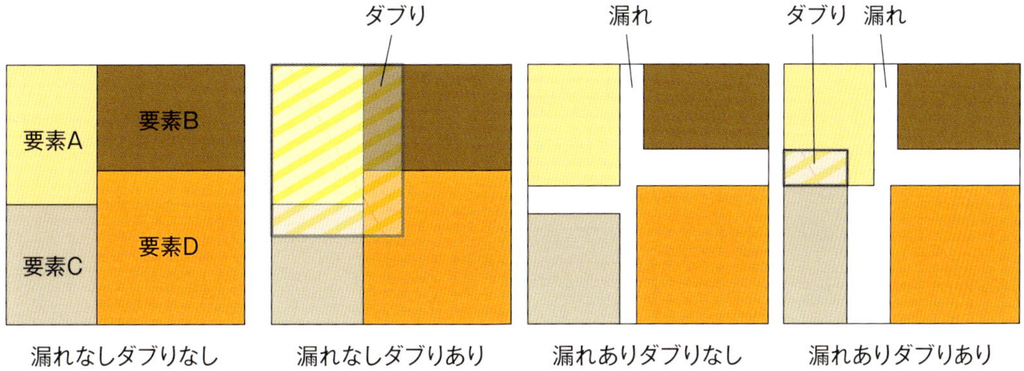

上図はMECEの視覚的イメージです。一番左が「漏れなくダブりなく」が成立している状態、右の3つは漏れもしくはダブりが発生している状態です。漏れがあると、問題に対する情報が不足したまま意思決定を行うことになるため、ミスが起きる可能性が高まります。また、ダブりがあると思考が偏ったり、必要以上の時間を分析や議論に使うことになったりして、コストが上がります。フレームワークを活用する場合には、「漏れなくダブりなく」を常に意識しておきましょう。特に漏れについては、一度どこかのステップで漏れてしまうと、最後まで気付かずに進んでしまうので、より一層の注意が必要です。

課題を設定して解決策の方向性を検討

このステップで紹介している「ロジックツリー」は問題に関する情報の整理を、「課題設定シート」は問題に対する課題の設定を主な役割としています。問題について深掘りし、問題の原因や構造を特定することができたら、その問題を解決するために取り組むべき課題と、具体的な解決策の方向性を検討しましょう。

※MECE：Mutually Exclusive and Collectively Exhaustiveの頭文字を取った言葉。「漏れなくダブりなく」という意味で使われる。

05 ロジックツリー

情報の階層を整理して全体像をつかむ

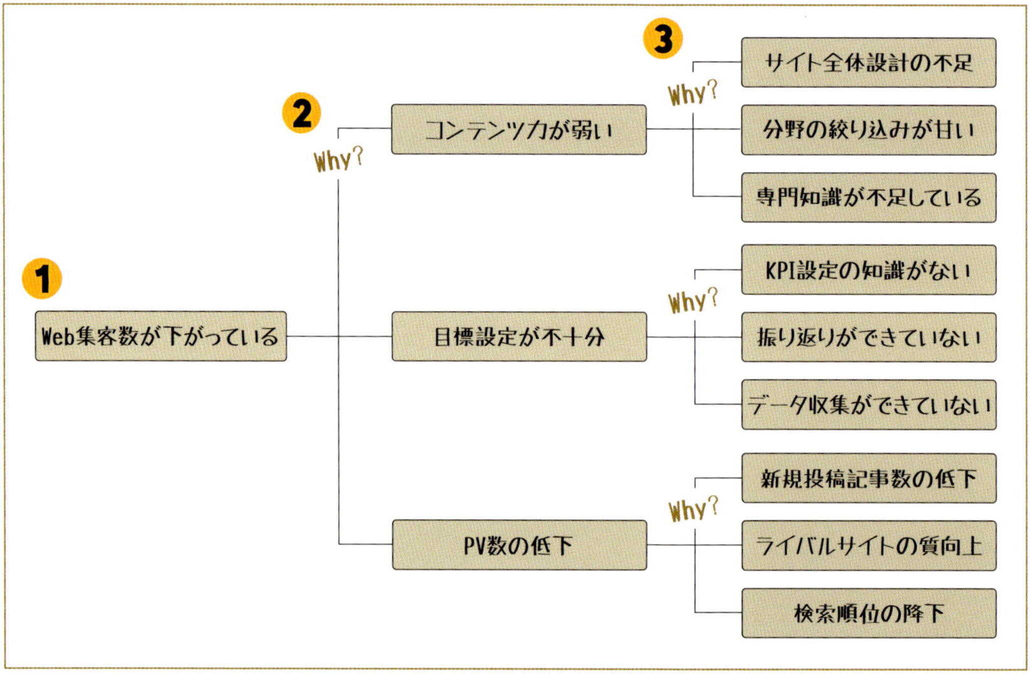

基本情報

「ロジックツリー」は、物事を分解して考えていくことで、「全体」と「部分」を網羅的に整理するフレームワークです。最初に設定した問題を、いくつもの要素に分解していきます。

ロジックツリーでは、右（下位の概念）に向かうほど情報が具体的に分解され、左（上位の概念）に向かうほど要約されます。問題の場所を特定する「Whatツリー」や「Whereツリー」、解決策を模索する「Howツリー」など、用いる疑問詞の種類によって、ツリーの用途を分類することができます。

ここでは問題の原因分析を目的とした「Whyツリー」の使い方を紹介しています。

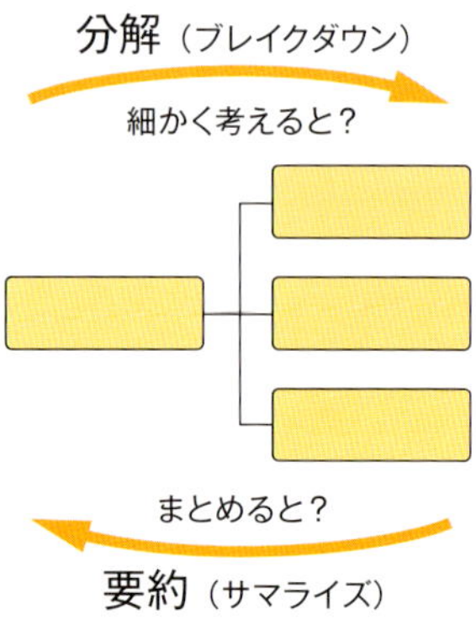

使い方

1 **[問題を設定する]**：ロジックツリーの頂点となる問題を設定します。起きている問題や事象を、ありのまま記載してください（例：「Web集客数が下がっている」など）。

2 **[主な原因を書き出す]**：設定した問題に対して「Why（なぜ）？」と問いかけ、主な原因と考えられる要素を書き出します。最初の階層では細かく考えすぎないようにし、大枠で見てどのような種類の原因があるのか、大きな分類を把握することがポイントです。

3 **[原因を細分化する]**：2で書き出した原因に対して、さらにWhyを問いかけ、各原因を細分化して掘り下げていきます。以降、必要に応じてこの作業を繰り返します。

4 **[ツリーを整理する]**：情報を出し切ったら、各要素のつながりが論理的であるかどうか、上位概念・下位概念の関係に間違いがないかなどをチェックします。上位と下位が逆になっていたり、同じ階層で話の大きさがバラバラにならないよう注意が必要です。

思考が加速する問い

Q. 抽象化してみると？具体化してみると？

Q. 自分の思考の特徴として、抽象度が高い？具体度が高い？

Q. 書き出した中で、重要なものを3つ挙げると？

Q. 他社や他部署が同じ問題について考えるとどうなるか？

CHECK POINT

- □ 情報の上位概念・下位概念の関係性を把握できるレベルまで整理できている
- □ 自分たちの視点や論点に偏りがなく、網羅的に情報を書き出せている
- □ 物事を抽象化・具体化して考えることができるようになっている

06 課題設定シート

問題を解決するために取り組むべきことを整理する

1	解決すべき問題	メンバー間のモチベーションの差が大きくなり始めている ※最近入社してきたメンバーは創業期と同じやり方ではうまく機能しない
2	取り組む課題	新入社員の教育プログラムと評価制度の設計を実施する

【課題の概要を整理する】

3

- 創業時は理念やビジョンを誰もが共有できる距離にいたが、人数が増えてバラつきが出てきたため（Why）
- 2泊3日の合宿形式のプログラムにしたい。以降は店舗リーダーがフォロー（How）
- 理念共有、目標設定、行動計画の策定プログラムの実施と個別フォローが必要（What）
- 人事部が主導。現場のチームリーダーにも協力を要請（Who）
- まずは新入社員から入社2年目までの社員に対して実施（Whom）
- 4月に1度、12月に1度、理念共有の研修をしたい。月に1度の個別面談も必要（When）
- 研修については東京本社で実施。個別面談は各店舗で実施（Where）
- 予算的には年間300万円以内に収めたい（How much）

基本情報

「課題設定シート」とは、これまでのステップであぶり出してきた問題を整理し、取り組むべき課題を設定するためのフレームワークです。

課題とは、問題を解決するために取り組む必要のあるアクションのことです。例えば「メンバー間のモチベーションの差が大きくなり始めている」という問題があるとします。この場合、「新入社員の教育プログラムと評価制度を設計する」など、具体的に取り組んでいくことが課題に該当します。

＜補足：問題と課題の違い＞

問題	あるべき理想の姿と現状のギャップ
課題	問題を解決する（ギャップを埋める）ために、取り組むべき必要があること

使い方

1 **[問題を設定する]**：解決すべき問題を1つ書き出します。問題を複数抱えている場合でも、1枚の課題設定シートでは1つだけを取り上げます。複数の問題を扱う場合には、別のシートを用意して記入しましょう。

2 **[取り組む課題を設定する]**：設定した問題を解決するために取り組む課題を書き出します。1つの問題に対して複数の課題が存在する場合がありますが、課題についても1つに絞って記入します。2つ目、3つ目の課題については、やはり新しく課題設定シートを作成しましょう。

3 **[課題の概要を整理する]**：設定した課題に関する前提や条件、周辺情報を書き出します。6W2Hを意識して、課題の概要を整理していきましょう。次のステップ（STEP 3）で、どの課題から優先的に取り組むのかなどを評価することになります。そのために、具体的なイメージを持てるようにすることが目的です。

思考が加速する問い

- Q. 課題に取り組むうえでの障壁があるか？
- Q. 過去に同様の課題に取り組んだ人はいるか？
- Q. 課題のハードルを下げるには？
- Q. 他の人に協力してもらいやすくするには？

CHECK POINT

- ☐ ピックアップした問題に対して適切な課題が設定されている
- ☐ 実現可能な課題設定が行われている（資源が不足している場合は調達方法を検討）
- ☐ 課題の方向性を、1つだけでなく複数検討できている

STEP 3 優先順位の決定

取り組む課題の優先順位を考える

ここまで、問題のあぶり出しと整理、そして課題の設定を行ってきました。本章のラストは、設定した課題の優先順位を決定するステップです。限られた資源の中で最大の効果を上げるため、自社にとって重要な要素は何か、どのように意思決定をするのか、という考え方や手法について説明していきます。

貢献度の高いものから着手する

ビジネスの現場においては、より少ないコストで大きな結果を出すことが求められます。そこで、基本的には、目的に対する貢献度が高いものから着手するのが定石です。単純にいえば、「年間1万時間を節約できるアイデア」と「年間100時間を節約できるアイデア」があったら、前者から着手するという具合です（節約できる時間が大きくても莫大な予算が必要など、他の条件が異なる場合は、それぞれを考慮して選択することになります）。

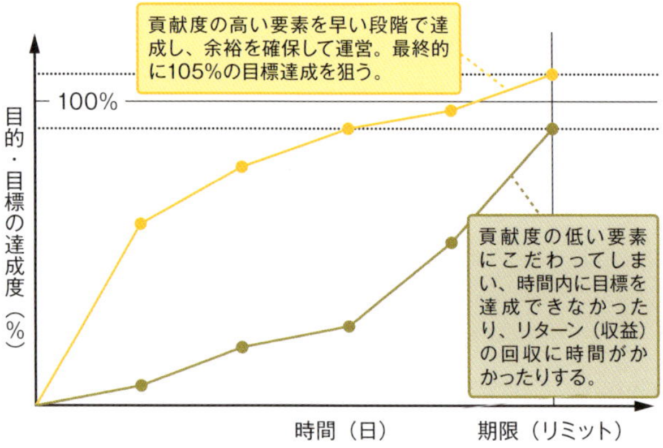

課題に着手する際は、時間や資本など、資源的な制限が必ず存在します。貢献度の高い課題から達成して余裕を持ちながら運営し、最終的には目標とするレベルを上回る成果を出せることが、望ましい形といえるでしょう。

このような理想は誰もがわかっているはずですが、実際には、貢献度が低い課題に根拠なくこだわってしまう人は珍しくありません。また、昔からやっているからという理由で貢献度の低い課題に資源を費やしてしまい、目的が達成できないというケースも多数存在します。何をやるかを選択するのはもちろん、何をやらないかを選択するという勇気を持つことが大切になってきます。

状況によって異なる貢献度の高さ

課題の優先順位を決定するにあたり、「貢献度」が高い要素から選択するという表現をしました。ここで押さえておくべきポイントは、目的や状況に応じて「貢献度の高さ（低さ）」が変わるということです。例えば、小売サービス業で従業員が不足しているA社にとって「スタッフの募集」は急務であり、重要な課題です。一方で、少数精鋭でサービスを開発しており、これからそのサービスをリリースする段階にあるB社では、新規スタッフはそれほど必要ではないかもしれません。つまり、状況やタイミングに応じて、優先順位を決めるための基準を選定する必要があります。そして、その基準をメンバー間で共有したうえで、優先順位を検討します。

全体像を俯瞰することがポイント

「何かを選択する」という意思決定がよくありますが、このとき、選択肢の情報の全体像を一望できることが重要です。全体像を可視化するために便利なのが「マトリクス」という手法です。これは、「m行×n列」の形に軸を作って選択肢を評価する方法で、フレームワークを活用するうえでは欠かせない存在です。下図は代表的な2行×2列のマトリクスを表しています。

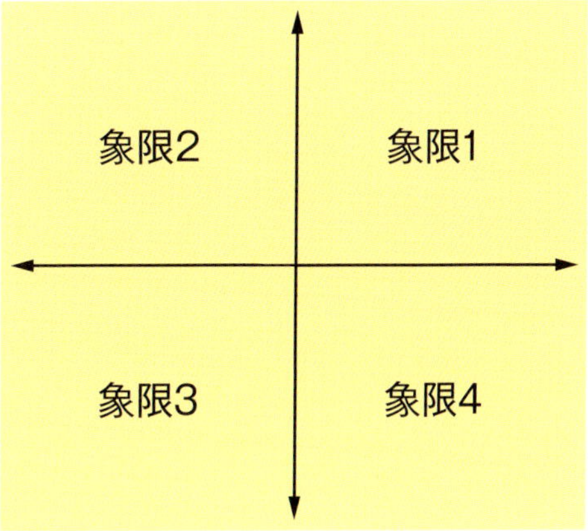

軸によって分割される領域のことを「象限」と呼び、象限ごとに選択肢を配置していきます。各選択肢が評価基準に対してどのような位置付けにあるのか、という全体像を俯瞰することができるメリットがあるほか、象限ごとに対策を立てやすいため、次のアクションにつなげやすくなります。

具体的なマトリクスの例として、緊急度と重要度の2つを基準にして優先順位を検討する「緊急度／重要度マトリクス」があります。緊急かつ重要な課題が明確になるため、何から着手していけばよいのかを検討する際に便利な定番のフレームワークです。マトリクスはさまざまな場面で登場するので、うまく活用できるよう使い方を習得しておきましょう。

07 緊急度／重要度マトリクス

課題の優先度を可視化しマッピングする

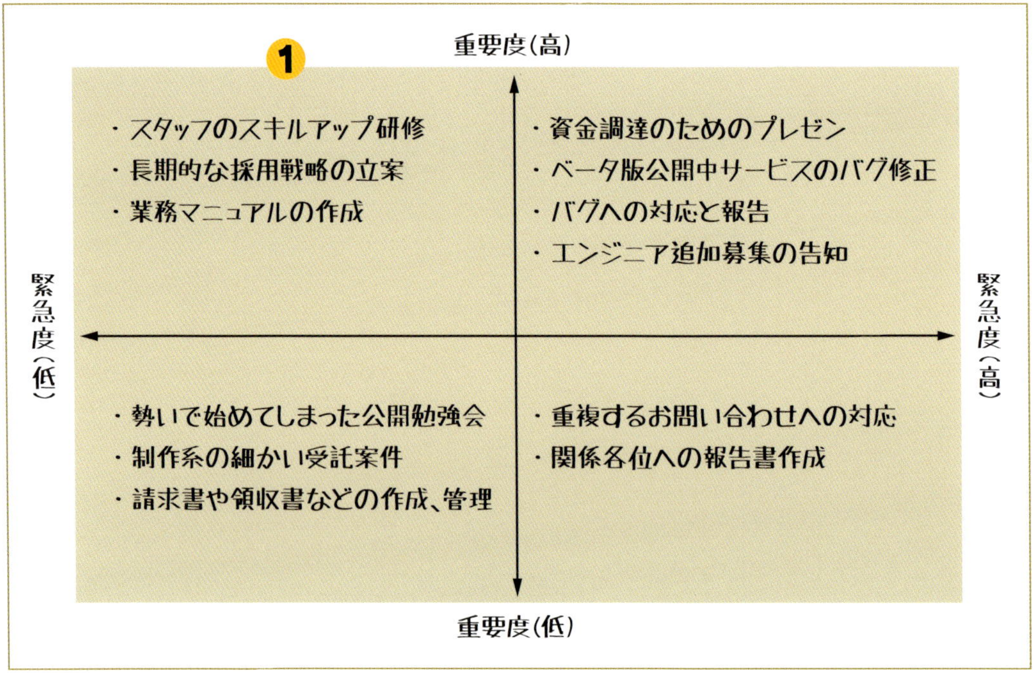

基本情報

「緊急度／重要度マトリクス」は、物事の優先順位を「緊急度」と「重要度」という2つの評価項目で整理し、検討・選定していくためのフレームワークです。経営レベルの課題から、個人が抱える日々の課題まで、あらゆる現場で活用される定番フレームワークとなっています。緊急度／重要度マトリクスを用いて全体像を可視化したら、課題の優先順位はもちろん、何に対してどれくらいの資源を割くのかというバランスを考えることも重要です。

また、扱う課題の量が多い場合、9マスのマトリクスを用いる方法もあります。マスの数を増やすことで、より個別に検討したり、対策を講じたりすることが可能となります。

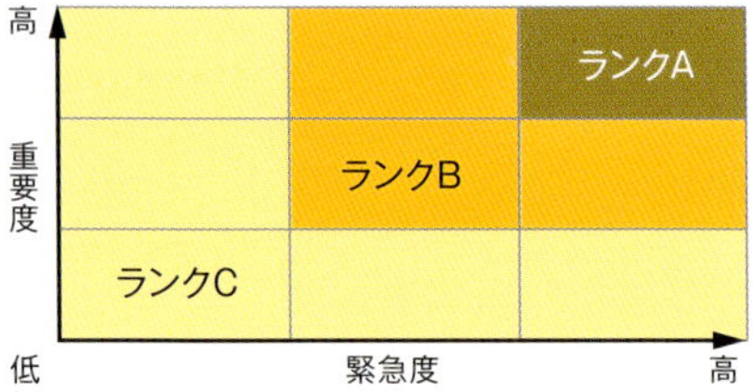

使い方

1 **[課題をマトリクス上に配置する]**：課題をマトリクス上に配置します。「緊急」「重要」の定義や基準などを設定しておくことが、有効に活用するためのポイントです。特に複数人で活用する場合は、事前にすり合わせておく必要があります。また、あらかじめ付箋などに課題を書き出しておくと、全体像が把握しやすいのでオススメです。

2 **[優先順位を検討する]**：マトリクスを整理できたら、優先順位を考えます。緊急度と重要度の高さ（低さ）を参考にしながら検討しましょう。

補足 緊急度ばかりに気を取られると将来性がなくなる

緊急度ばかりに気を取られていると、「状況が緊迫してはいないが重要なこと」について考えることを忘れてしまいがちです。例えば新ジャンルの開拓といった、投資的な要素の強い業務などは、緊急度の低い分類に入ることが多いです。しかし、この投資がなければ、将来的に競争優位性を築いていくのは難しくなります。

思考が加速する問い

Q. 最小のコストで最大の効果が得られそうなものはどれ？

Q. 成果を3倍上げたいとしたら、どれを選ぶか？

Q. 重要度が低いのにコストがかかっている業務はないか？

Q. 本来やらなくてもよいことはないか？

CHECK POINT

- □ 緊急度と重要度の定量的な定義を共有できている
- □ それぞれの課題の緊急度・重要度における位置付けが共有できている
- □ それぞれの選択肢のコスト感を把握できている

08 意思決定マトリクス

定量的・客観的に選択肢を評価する

	❶	緊急性 ×1.0	実現性 ×1.0	収益性 ×2.0	将来性 ×2.0	合計
選択肢1	新商品の開発 他社との差別化によって顧客を獲得するため、新商品を開発する。	1	3	2	2	12 ❸
選択肢2	紹介促進の仕掛けづくり 優良顧客の抽出と、優待キャンペーンによる紹介促進の仕掛けを作る。	2	5	3	1	15
選択肢3	Web活用施策の設計 アナログ中心なので、Webを活用したマーケティング施策を立案する。	5	3	4	2	20
選択肢4	提携先の開拓 営業や宣伝活動に協力してくれるパートナー企業の開拓を行う。	3	2	1	3	13
選択肢5	PR企画立案 これまでにアプローチできていない客層に向けたPR企画を立案する。	2	1	1	5	15

❷ ×1.0 / ×2.0（重み）

※今回は各項目5点満点

基本情報

「意思決定マトリクス」は、課題やアイデアなど、複数の選択肢を評価・選定する際に活用する手法の1つです。複数の選択肢がある状況で意思決定を行う際、定性的な情報や主観だけに頼るのではなく、定量的・客観的に評価するために活用します。

個人での活用はもちろん、アンケート形式にして複数人で使うことも可能です。複数人で活用する場合は、評価項目の意味や定義をメンバー間で共有しておくことが重要です。基本的には得点の高い選択肢を採用することになります。ただし、必ずしも最高数値のものを選択しなければいけないわけではありません。定性的な情報、定量的な情報のどちらか片方に頼るのではなく、両方の要素を考えたうえで最終的な意思決定を行うことが大切です。

使い方

1 **[評価対象を整理する]**：評価の対象となる選択肢を整理して記入します。緊急度／重要度マトリクス（参照→07）で例に出したような、取り組みたい課題の候補などが選択肢になります。課題の概要が伝わる必要最低限の情報を記入することがポイントです。

2 **[評価項目と重みを設定する]**：評価項目とその「重み」を記入します。重みとは、その評価項目をどれだけの比重で点数化するのかというものです。左の例では「緊急性（x1.0）」「実現性（x1.0）」「収益性（x2.0）」「将来性（x2.0）」の4つを設定していますが、この項目と重みは目的に応じて設定します。

例 **評価項目**

緊急性、重要性、実現性、収益性、効果性、将来性、インパクト、優位性、展開性など

3 **[評価を行う]**：選択肢と評価項目が準備できたら、実際に各項目を点数化し、評価していきます。全項目について点数化したら、右の列に合計点を集計します。ここで数値として可視化された情報をもとに、意思決定へと進みます。

思考が加速する問い

Q. 普段、意思決定のシーンで何に悩むか？

Q. すべての選択肢を実行することは無理か？

Q. 加点法で考える？減点法で考える？

Q. 課題が解決された世界を最もイメージできるものはどれ？

CHECK POINT

- [ ] 妥当な評価ができている（特に個人で実施した場合は、第三者にチェックしてもらう）
- [ ] 直感とのズレがある場合は、そのズレについて考えられている
- [ ] 着手する課題が決定できている（もしくは絞り込めている）

コラム　他責と自責のどちらで考えるか

第1章では問題のあぶり出しから、分析、整理、課題の優先順位決定の場面で活用できるフレームワークを紹介してきました。問題について考える際に意識しておきたいのが「他責」と「自責」の違いです。

他責思考と自責思考

「他責思考」とは、問題の原因をチームメンバーや会社、世の中など、自分以外の「他者」に置いて考えることをいいます。例えば「クレームが来た際に、部下や上司の対応を疑う」「営業目標を達成できなかった際に、クライアントの理解力を問題視する」などです。

一方で「自責思考」とは、問題の原因を自分の行動や思考など、「自分自身」にあると考えることです。上記の例に当てはめると「クレームが来た際、自身の対応に失礼があったのかもしれないと考える」「営業目標が達成できなかった際、クライアントのニーズ調査が不足していたのかもしれないと考える」といったことです。

自責で考えることでアクションが生まれる

他責思考と自責思考、どちらも必要な考え方ですが、まずは「自責で考えてみる」ことを大切にしてほしいと思います。なぜなら、他責で考えて、原因を自分以外のところに置いてしまうと、その原因を解決するための対策を立てて実践するのが困難になる場合が多いからです。自責思考で考え、「今、自分に何ができるか？」という問いを持つことで、具体的なアクションを導き出して実行することができます。

まずは自分自身で改善できることを実践したうえで、「そもそも仕組みにも改善の余地があるのではないか？」「チーム全体の目標設定に修正が必要ではないか？」と、自分事の範囲を「全体」へと広げて考えていくことが理想でしょう。いずれの場合も、思考停止することなく、粘り強く問題解決の糸口を探究し続けることが大切です。

第2章

市場を分析する

STEP 1

マクロ環境や自社について分析する

世の中や業界の動きを知り、自社の現在地を把握する

この章では「分析」に関する考え方とフレームワークについて、3つのステップで紹介していきます。実際の現場では、第1章の問題・課題を見つけ出す作業と、第2章の分析作業を、行ったり来たりしながら考えます。つまり、必要な情報を収集しつつ、体系的に整理していくことになります。

構成要素の「分解」と、調査の「目的」を確認しよう

構成要素を分解して考える

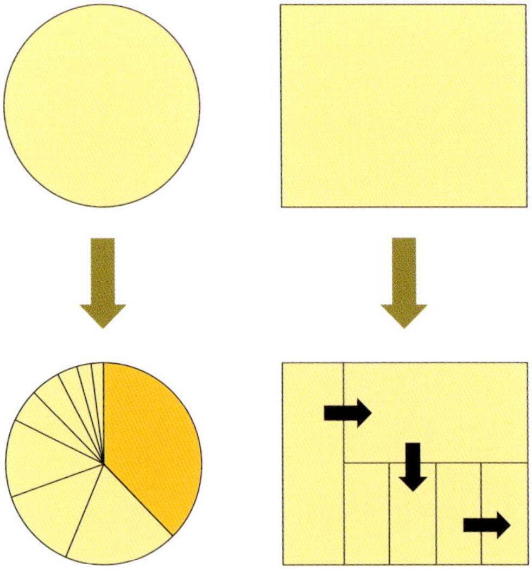

分析とは、複雑な物事を1つ1つのパーツ（構成要素）に分解し、その構成や関係性について明らかにすることです。地図アプリのように、全体と部分をズームイン・ズームアウトして考え、それぞれの部分において詳細な情報を収集・整理する能力が求められます。ですから、分析を行うためにまず必要なのは、対象の全体像を把握したうえで「分解」する作業です。

そして、どのように分解し、どこを調査するのかを判断するために重要となるのが、分析を行う「目的」です。分析した結果、最終的に何をしたいのか、目的から逆算することが大切です。例えば「とりあえずアンケートを取ってみた」だけでは、そこから何かを成し遂げることはもちろん、有益な情報を得ることすらできません。

調査を行うときは、目的にもとづいて自分なりの仮説を持って臨みます。仮説を持つことで、ズレや大事なポイントへの感度が上がり、有益な調査と分析を行うことができます。

分析の基本は3Cとマクロ環境

世の中にはさまざまな分析手法が存在します。本書では、「自社」「顧客」「競合」の3つと、それらを取り巻く「マクロ環境」のあわせて4つの視点で、分析方法を分類しています。目的に合う分析手法を見つける際の参考にしてください。

4つの視点を理解するために、まずは「3C」の考え方から見ていきましょう。

3Cとは、経営環境について、「自社（Company）」「顧客（Customer）」「競合（Competitor）」の3つの視点で分析し、事業成功のポイントを探るフレームワークです。自社の取りうる戦略の設計や、事業の方向性の検討など、多様な場面で活用されます。

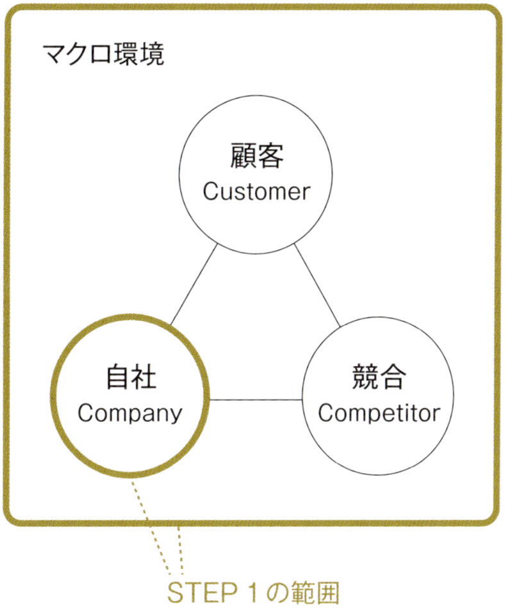

3Cは視点を3つに分けていますが、各要素は連動しているので、まったく独立して考えてはいけません。自社について分析するためには、顧客のことを知る必要があります。競合として誰が存在しているのか、その競合はどのような動きをしているのかを知らなければ、自社の位置付けを把握できないでしょう。3Cを連動した全体像としてとらえながら、各要素について詳細に調査することがポイントになります。

そして、3Cに加えて把握しておきたいのが「マクロ環境」です。マクロ環境とは、世の中のトレンドや時代の動きなど、大きな力が働いている要素のことを指します。具体的には、人口や政治、技術、経済などが挙げられ、組織に対してどのようなチャンスや脅威があるのかを分析する際に必要です。これまで強みとされてきたことも、時代の変化の中で役に立たなくなったり、逆にこれまで注目していなかった要素が、社会ニーズの中で重要視されるようになったりします。多面的に、そして全体と部分を意識して、分析するようにしましょう。

09 PEST分析

マクロ的な変化やキーワードを把握する

1

政治 Politics	経済 Economy
・入試制度と教育カリキュラムの変更 ・プログラミングなど新科目の必修化 ・上記に伴う学校教育人材の不足	・教育へ投資する動きの活発化 ・都心部と地方での教育格差 ・塾を営むための物理的スペースが安価で使用可能に
社会 Society	**技術 Technology**
・一律教育よりも個別教育への注目 ・共働きが増え自宅での教育時間が減少 ・偏差値重視の価値観が変化し、大学進学率が低下する可能性	・ICTのより一層の発展 ・テレビ会議の発展で遠隔地からの教育が簡単に ・CtoCサービスやクラウドソーシングの発展によって教育人材の獲得経路が充実

基本情報

「PEST分析」とは、自社の事業や組織に影響を与える「マクロ的な環境要因」を考える際に便利なフレームワークのことで、戦略立案・戦術設計の際に活躍します。PESTは「Politics（政治）」「Economy（経済）」「Society（社会）」「Technology（技術）」の頭文字から来ています。この4要素を切り口として、変化を予測し、事業の未来シナリオを設計します。

PEST分析では、現状のマクロ環境はもちろん、長期的な未来の動向についても分析を行います。時代の変化という大きな流れの中で、自社について考えられるのがPEST分析のメリットです。多面的かつ正確な情報を収集できるよう、メンバーの巻き込み方や、調査方法を検討することも重要になります。

使い方

1 ［影響を及ぼす要素を書き出す］：「政治」「経済」「社会」「技術」の各要素を切り口として、影響がありそうな情報を書き出します。この作業は多様なメンバーを巻き込み、知識や経験を持ち寄るとよいでしょう。その際、「3～5年以内に影響がありそうなもの」など、ある程度の時間軸を設定しておくと、よりイメージしやすくなります。

補足 年表にして時代の流れをつかむ
過去から未来までを年表のように書き出す方法もあります。影響を及ぼす要素に加えて、変化の流れをつかみたいときにオススメです。

2 ［要素を整理する］：ある程度の量が書き出せたら、情報を一度整理して、抜け漏れがないかをチェックしましょう。欠けている部分があれば追記してください。全体を網羅できたら、自社にとって重要な要素をピックアップします。市場への影響の大きさや、不確実性などを評価基準にするとよいでしょう。

思考が加速する問い

- Q. 最近のビッグニュースは？
- Q. メディアや書店でよく目にするキーワードは？
- Q. 勉強する必要があると思うことは？
- Q. 各項目で重要な情報を3つにまとめるなら？

CHECK POINT

- □ 世の中のトレンドや時代のキーワードを把握できている
- □ 自社に大きな影響を及ぼしそうな要素を確認できている
- □ 書き出した情報の正誤が確認できている（ネットの記事や噂を鵜呑みにしない）

10 ファイブフォース分析

業界の競争構造を可視化する

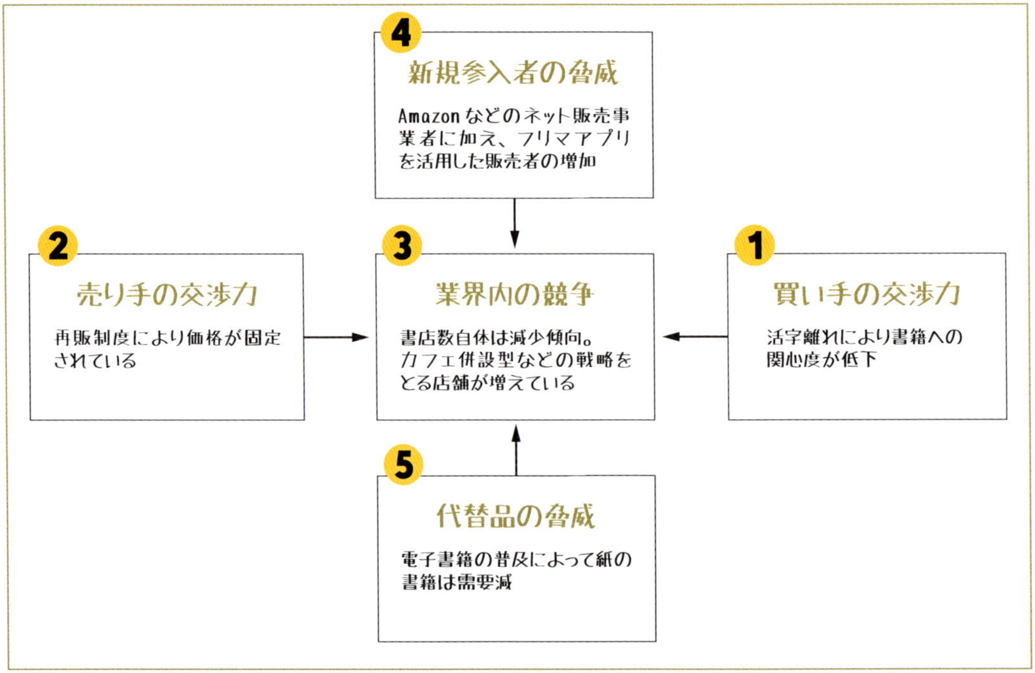

基本情報

「ファイブフォース分析」とは、「買い手の交渉力」「売り手の交渉力」「業界内の競争」「新規参入者の脅威」「代替品の脅威」の5つの要因を切り口として、業界の競争構造や魅力度を分析する手法です。これら5つの要因が多かったり、強かったりする状態であればあるほど、その業界の競争は激しく、収益化のハードルが高いことを意味します。自社の属する業界の競争構造を把握したり、参入を検討している業界の競争構造を分析する際に活用します。

なお、ファイブフォース分析を用いることで「競争性が高い」という結果が出ても、それが「参入しない（撤退する）」という判断に直結するわけではありません。競争構造を把握し、その中で競争優位性を発揮できるポジションを構築できるか、ということまでをセットで考えます。ポジションの考え方については、STP（参照→35）もチェックしてみてください。

使い方

1 **[買い手の交渉力を分析する]**：買い手とは、自社の商品・サービスを購入してくれる企業や個人などの顧客です。買い手が独占的な状態にあるか、ニーズが変化していないか、他社製品に乗り換えしやすいかなど、買い手の交渉力が高くなる要素を考えます。

2 **[売り手の交渉力を分析する]**：売り手とは、商品・サービスを提供するために必要なパーツや素材などの仕入先です。仕入先の企業や業界が自社に及ぼす影響を整理します。

3 **[業界内の競争を分析する]**：業界内にどのような競合が存在しているか、また、競合にはどんな工夫や戦略があるかについて情報収集し、整理します。

4 **[新規参入者の脅威を分析する]**：業界への参入障壁の高さや、新規参入者の存在を整理します。設備投資があまり必要でなかったり、技術の習得難易度が低かったりすると、新規参入者の脅威が高まります。

5 **[代替品の脅威を分析する]**：既存の商品・サービスと同様のニーズを、さらに高いコストパフォーマンスで満たすことのできるモデルが創出可能かどうか分析します。

思考が加速する問い

Q. ネックになるような影響度の大きい競争要因は？

Q. 真っ向勝負するか？競争を避けるか？

Q. 分析対象の絞り込み方を変えてみると？

Q. 3年後や5年後はどんな動きがあるか？

CHECK POINT

- □ 自社の属する（または参入を検討する）業界がどこであるのかを定義できている
- □ 業界内外の競争要因が可視化できている
- □ 業界の持つ魅力と難点が把握できている

11 VRIO分析

自社の競争優位性を分析する

1	V 経済価値	R 希少性	I 模倣困難性	O 組織	3 今後の対策と方針
人材	○	○	○	△	業界の革新的技術について深い知識と技術を持っている人材が高い競争優位性となっている。後続のメンバー育成が課題。
技術開発	○	○	○	○	業界を越境して活用される技術の開発が進んでいる。この分野に関する研究環境も充実。今後も環境を強化する。
資金調達	×	×	×	×	資金調達に関する技術や知識が不足している。学習はもちろん、資金調達に強い人材の確保またはパートナー探しが急務。
製造	○	○ 2	△	△	業界内では新しい製造スタイルであり、競争優位性が高い。ただ模倣しようと思えば可能で、将来的には強みといいづらい。
物流	×	×	×	×	物流上の強みは乏しい。コストダウン施策の検討と実施が急務。もしくは、何か新しい流通の仕組みを考える必要がある。
企画	○	○	○	△	問題解決能力に長け、主体的な人材が多数いることから企画力は高い。しかし、外部とのコラボレーションがないのが弱み。
販売	△	○	△	△	現状の技術、商品ともにジャンルが特化しており希少性が高く、Webからの申し込みが多数。アナログでの営業力が乏しい。
サービス	○	△	○	×	アフターフォローの丁寧さは業界内トップクラス。相応のコストがかかっているため、コストカットの仕組みづくりが必要。

基本情報

企業が競争優位性を保てるかどうかは、企業の保有する経営資源と、それを活用する能力にかかっているという考え方があります。これをリソース・ベースト・ビュー（RBV）と呼びます。そして、その経営資源と活用能力を分析する手法が「VRIO分析」です。

経営資源とは、自社の持っている技術や開発力、営業力、人材、ブランド、組織風土など、企業の価値提供におけるさまざまな資源が当てはまります。分析対象となる資源に対して、「Value（経済価値）」「Rarity（希少性）」「Inimitability（模倣困難性）」「Organization（組織）」の4つの切り口から、情報収集や評価、今後の方針の検討をします。自社の資源が何かに迷う場合は、バリューチェーン分析（参照→20）の考え方も参考にしてみてください。

使い方

1 [資源を設定する]：分析の対象となる資源を記入します。

2 [資源を評価する]：各資源について、VRIOに従って情報収集や評価をします。その際、下記のような問いをもとに考えると進めやすくなります。

経済価値（V）	その資源を持つことで、機会（チャンス）を活かすことができるか？競合の強みを無力化できるか？脅威（ピンチ）を無効化できるか？
希少性（R）	その資源を持っている企業や活用している企業は少ないか？
模倣困難性（I）	競合がその資源を獲得しようとした場合には、大きなコストが必要か？ また、その資源を保有することで、コスト上、不利な状態になるか？
組織（O）	資源を有効に活用するための組織体制（仕組みやルール、制度、運用フローなど）は整っているか？

3 [今後の方向性を決める]：評価を終えたら、どの資源を強化することで競争優位性を見いだしていくのか、各資源について今後どのように強化していくのか、といった対策の方向性を整理します。

思考が加速する問い

Q. 自社の資源でまず思い浮かぶものは？

Q. 資源を具体的に挙げると何があるか？

Q. 強みを伸ばす？弱みをカバーする？

Q. 活用できていない資源はないか？

CHECK POINT

- ☐ 自社の保有している資源を可視化できている
- ☐ 自社の競争優位性を見いだすことができている
- ☐ 競合の持っている特徴的な資源も確認できている

12 SWOT分析

自社の持っている強みと弱みを把握する

	好影響	悪影響
内部環境	1. 地元の新鮮な素材を使用 2. 和食がメインだがイタリアンやフレンチにも対応可 3. 築1年で外観・内観ともにきれい 4. 駐車場が広い 5. クチコミによる紹介が多い 1	1. オープンして1年未満で、認知度が低い 2. 再来店を促す取り組みや仕組みがない 3. 回転率が低い 4. 駅から遠い 5. グループ企業と連携できていない
外部環境	1. 店舗近辺は住宅街ではなく商業地 2. 周囲には大学や結婚式場なども多い 3. 婚活や恋活イベントの開催が多い 4. 和食ブーム 5. 地味婚が主流になりそう	1. 結婚式場と連携する2次会が増えている 2. 接待文化が下火 3. 外食から内食へ移行している 4. 低料金のお店が増えている 5. コスト重視のお客様はチェーン店に流れている

基本情報

SWOT分析は、自社を取り巻く周辺環境を分析し、強みや弱みを把握するフレームワークです。「好影響⇄悪影響」と「内部環境⇄外部環境」の2つの軸で構成されるマトリクスを作成し、「強み（Strengths）」「弱み（Weaknesses）」「機会（Opportunities）」「脅威（Threats）」の4象限について分析を行います。

内部環境とは、ヒト・モノ・カネといった資源のほか、経験値やデータベースなど、自社の持つ要素を挙げます。一方、外部環境とは、世の中の動きや業界の動向、ニュースといった、自社を取り巻く外部の持つ要素です。内部と外部、そしてプラス面とマイナス面の両方に目を向けられるところが、このフレームワークの魅力です。SWOT分析の結果を用いて、戦略の検討までを行いたい場合は、クロスSWOT（参照→34）に進みます。

使い方

準備 **[対象を決める]**：自社全体を分析対象とするのか、単体の事業を対象とするのかなど、SWOT分析の対象を決めます。

1 **[情報を書き出す]**：「強み」「弱み」「機会」「脅威」に当てはまる要素を思い付くだけ書き出します。このとき、付箋やホワイトボードを利用するなどして、後で整理できるようにしておくことがオススメです。

2 **[整理する]**：書き出した内容を整理し、欠けている部分は補います。このとき、重複している要素や重要度の低い要素は省くこともあります。ポイントとなるのは「好影響 or 悪影響」の振り分けです。書き出した要素が自社にとってプラスなのかマイナスなのかは、設定する基準によって変わります。

3 **[内容を磨く]**：他者からの客観的なフィードバックをもらって、内容を磨きます。なお、SWOT分析は自社だけでなく、他社も分析して比較することで、より精度の高い分析を行うことができます。

思考が加速する問い

Q. 自社は業界内の序列のどこに位置している？

Q. 他社ではストレスになるが、自社では普通にできることは？

Q. 気付くと夢中になっていることはあるか？

Q. 社員が同世代の知人に自慢していることは？

CHECK POINT

- ☐ 自社の強みと弱みを把握できている
- ☐ 各要素がなぜ「好影響」なのか、なぜ「悪影響」なのかを確認できている
- ☐ チャンスとピンチを洗い出すことができている

STEP 2

顧客について分析する

顧客目線に立ち、顧客について知る

「誰に何を届けるのか」は、ビジネスにおいて基本的な問いです。このステップでは、「誰に」についての情報収集や分析の手法について解説します。一般に「顧客分析」と呼ばれるこの分析作業は、自社の商品・サービスをどのような人が利用してくれているのか、そして、それぞれの顧客がどのようなプロセスを経て自社の商品・サービスを体験してくれているのかという、2つの視点を持って分析を行います。

自社の顧客は誰か？

1つ目の「自社の顧客は誰か？」という視点について、まずは下記の質問に答えられるか考えてみてください。

- 自社にとってのお客様はどのような人ですか？
- お客様は、どのような悩みを持ってあなたのもとを訪れますか？
- お客様は、何がキッカケであなた（会社）のことを知り、やってきますか？

このような顧客に関する質問に答えられなければ、そもそも顧客のイメージが曖昧なわけですから、顧客目線に立つことはできません。ここでは、顧客について、定量的・定性的の両側面から可視化していきます。

「パレート分析」「RFM分析」を用いて顧客の状況を分析し、「ペルソナ」「共感マップ」で顧客のパーソナルな情報を収集・整理します。それぞれの手法を活用しながら、顧客への理解を深めていきましょう。

顧客の行動を分析する際は、点ではなく線や面を意識する

次に、顧客がどのようなプロセスを経て、自社の商品・サービスを体験してくれているのかを見ていきます。

そのためにまず押さえておきたいポイントは「顧客は点ではなく線で動いている」ということです。顧客が自社の商品・サービスを体験する前後に、何らかの行動があります。購買が発生するアクションの部分しか見ていないと、顧客のニーズを知ることはできません。

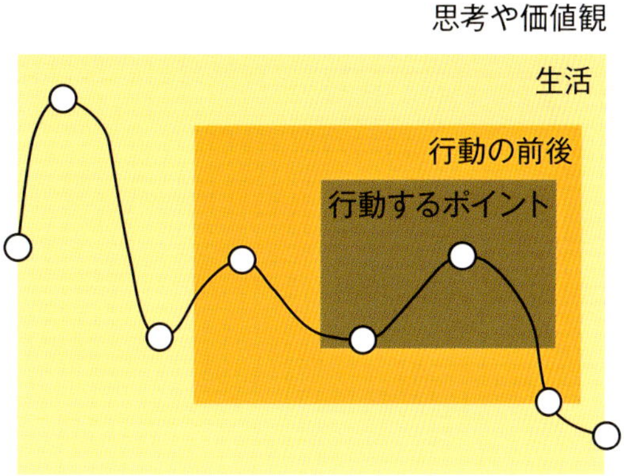

また、顧客が物事の認知から行動に至るまでには、心理段階というものがあります。なんとなく気になった程度の状態と、意思決定をしようとしている状況では、感じていることや考えていること、求めていることが変わってきます。これらが変わるということは、企業側が提供すべき価値も、心理段階ごとに変わってくるということです。

効果的な戦略を設計するためには、大きく分けて2種類の顧客情報が必要です。1つは、ライフスタイル（価値観や趣味趣向、生活のあり方など）に関する情報。もう1つは、各心理段階でどのようなことを感じ、求め、行動を取るのかという情報です。これらについて情報を収集し、分析することは欠かせません。このステップの後半で紹介するフレームワークを活用する際には、特に顧客の「心理」に注目してみてください。

データは大切！ でもデータだけでは判断できない

実際に分析作業に入る前に意識しておいてほしいことがあります。分析するには、定量的なデータは必須です。また、Webを活用してさまざまな数値データを取得できるようになった現在では、データ分析を制することが目的達成への鍵であるのは事実です。とはいえ、数字だけでは見えないものもたくさんあり、数字の背景にある情報をいかに拾っていけるかも同時に重要です。

現場で実際に顧客の様子を観察したり話を聞いたりする時間や、実際に自分でサービスを使って感じること、そういった生の情報の収集を忘れないようにしましょう。

13 パレート分析

顧客の全体像と、貢献度の高い顧客を可視化する

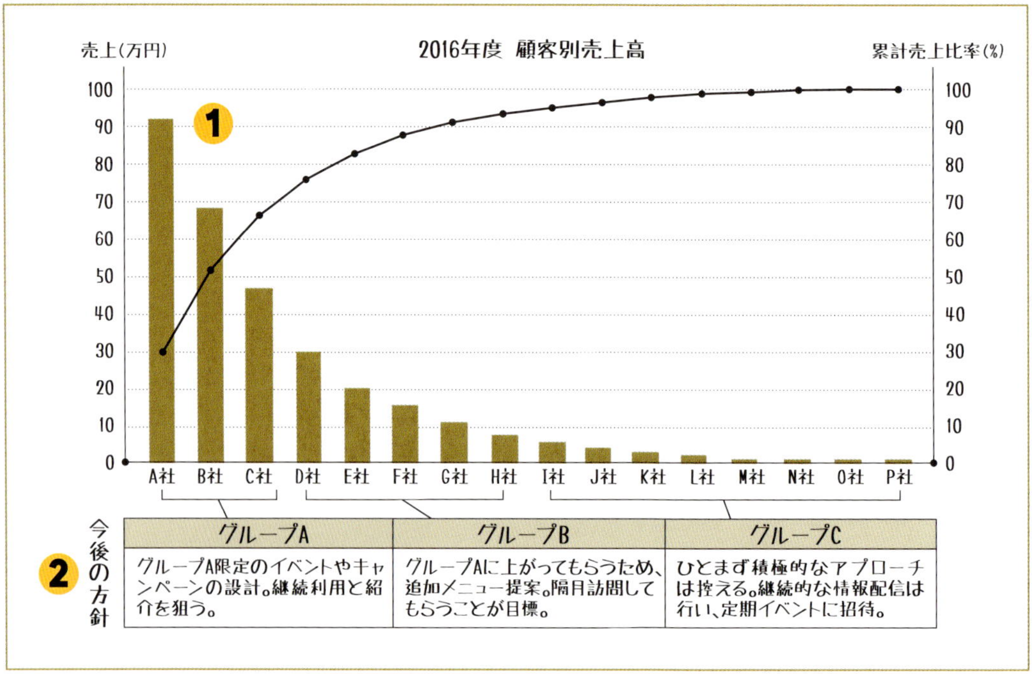

基本情報

顧客と売上の関係や、営業担当者と契約額の関係など、少数の人（要素）が全体の大部分を占める現象を「パレートの法則」と呼びます。この考え方を活かして、自社への貢献度が高い要素は何か、自社の資源をどこにどのくらい割くべきか、といったことを考えるフレームワークが「パレート分析」です。

限られた資源の中で最大の成果を得るための意思決定をする際に、判断材料を見いだすことができます。マーケティングや営業の場面を始め、クレームや不良品の発生数を分析し、対策を検討するときにも活用できます。

使い方

1 **［集計してグラフ化する］**：顧客ごとの売上を整理してグラフ化します。本書の特典のサンプルでは、この作業をExcelで行っています。

2 **［グルーピングして今後の方向性を考える］**：数字を整理したら、今後の方針を設計するためにグルーピングします。グループごとの特徴や共通点などを分析し、今後の方向性を考えましょう。基本的には、上位のグループに資源を投下する方が費用対効果が高まると考えます。

補足 **貢献度は１つの視点だけで考えない**

貢献度の低い要素はすべて切り捨ててよいわけではありません。なぜなら、分析している項目以外のことで貢献している可能性があるからです。例えば、売上の低い顧客であっても数が多ければ、それだけ実績があるという意味で社会的信頼を得やすいでしょう。また、顧客が多いことで情報収集力も上がります。方針の策定は、このような数字からは見えづらい面にも配慮しながら慎重に行いましょう。

思考が加速する問い

Q. 今の施策は意図を持って資源を投下しているか？

Q. すべての顧客に平等に接することは正しいか？

Q. 下位の顧客は必要ないだろうか？

Q. 今、考えている方向性に将来性はあるか？

CHECK POINT

- □ 目的に適した評価項目（顧客、商品、担当者、売上、販売数など）を設定できている
- □ 顧客の中でNo.1（上位の顧客）が把握できている
- □ 意図を持ってグルーピングできている

14 RFM分析
自社の顧客情報を分析して優良顧客を特定する

顧客名・ID	R:最新購買日	F:購買頻度	M:累計購買額	R	F	M	総合
xxx-xxx1	2017/12/28	8	30,000	5	3	3	11
xxx-xxx2	2017/03/26	1	40,000	1	1	3	5
xxx-xxx3	2017/12/02	25	70,000	4	4	4	12
xxx-xxx4	2017/07/10	14	20,000	3	3	2	8
xxx-xxx5	2017/05/05	7	8,000	1	3	1	5
xxx-xxx6	2017/12/11	40	120,000	4	5	5	14
xxx-xxx7	2017/12/29	42	130,000	5	5	5	15
xxx-xxx8	2017/09/23	4	9,000	2	2	1	5
xxx-xxx9	2017/10/03	18	20,000	3	4	2	9
xxx-xx10	2017/11/24	21	50,000	3	4	3	10

ランクSS顧客 優先的にアプローチする

※点数 15～13:SSランク / 12～10:Sランク / 9～7:Aランク / 6～4:Bランク / 3～1:Cランク

基本情報

「RFM分析」とは、自社にとっての優良顧客を抽出・分類する分析手法です。顧客の状況や特性に合わせたマーケティング施策を実施していくために活用されます。

具体的には、顧客を「Recency（最新購買日）」「Frequency（購買頻度、累計購入回数）」「Monetary（累計購買額）」の3つの項目を切り口として、分類・分析します。

R（高）・F（低）・M（高）
自社のファンになりつつあるが来店する理由が不足している。新商品リリースのサイクルを早める対策を行うなど。

R（高）・F（高）・M（低）
価格に壁がある可能性あり。低単価な商品を紹介したり、セットメニューを設計して単価UPを狙うなど。

R（低）・F（高）・M（高）
購入日から時間が経過しており、離脱している（競合に流れている）可能性が高い。自社独自の魅力を訴求するなど。

R（高）・F（高）・M（高）
ロイヤル顧客と呼ばれる層。特別先行販売や限定セールなどの優待を実施。新規顧客の紹介を促進する施策を実施するなど。

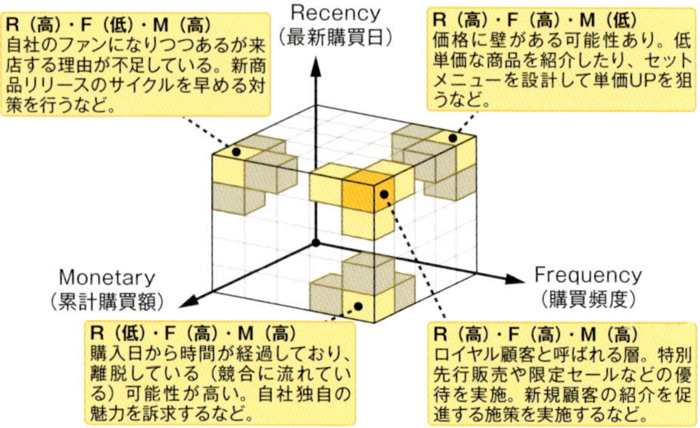

使い方

準備 [評価軸の定義と指標化]：RFMの各項目について、それぞれの定義や分析する期間などを、分析の目的に応じて設定します。後にグルーピングを行うために、各評価軸を点数化できるような指標を設定します（右図は設定例）。

	R:最新購買日	F:購買頻度	M:累計購買額
点数:5	1週間以内に購入	31回以上	10万円以上
点数:4	1カ月以内に購入	30回以下	7万円以上
点数:3	3カ月以内に購入	10回以下	3万円以上
点数:2	半年以内に購入	5回以下	1万円以上
点数:1	1年以内に購入	1回のみ	1万円未満

1 [情報を収集して整理する]：収集した顧客の売上データを調査シートに入力します。顧客一覧にRFMそれぞれの数値を入力して、総合点数を算出するという流れで進めていくとよいでしょう。

2 [グルーピングして戦略・戦術の検討へ]：点数を算出したら、目的に応じてグルーピングします。RFMの合計点で分けても、特定の軸やレベルに力点を置いて分類しても構いません。グルーピングが完了したら、作成したグループごとにアプローチの方向性を考え、具体的な戦略・戦術の設計へと移っていきます。

思考が加速する問い

- Q. 最近見かけない（離脱した）顧客はいるか？
- Q. 「お得意様」といえば、誰が思い浮かぶ？
- Q. 点数が高い顧客は何に価値を感じている？
- Q. 点数の低い顧客をファンにするには？

CHECK POINT

- □ 潜在的な優良顧客を見つけ出すことができている（RFMのいずれかの項目の値が高い場合は、優良顧客化できる可能性が高い）
- □ RFMの中で、改善の効果を出しやすい要素が特定できている

15 ペルソナ

ターゲットを明確にし、詳しく知る

1

<table>
<tr><td>名前</td><td>田中佳子</td><td>家族構成</td><td>夫、娘1、息子1
（娘はピアノを習っている小学4年生、息子は野球を習っている小学2年生）</td><td colspan="2">ビジュアルイメージ</td></tr>
<tr><td>性別</td><td>女性</td><td>居住地</td><td>東京都中野区</td><td colspan="2" rowspan="5"></td></tr>
<tr><td>年齢</td><td>41歳</td><td>趣味</td><td>旅行やヨガ、カフェ巡り</td></tr>
<tr><td>職業</td><td>保険会社の営業</td><td>休日の過ごし方</td><td>自宅でヨガ教室、子供の習い事付き添い</td></tr>
<tr><td>収入</td><td>年収600万円</td><td>好きな雑誌やメディア</td><td>女性向けファッション誌や雑貨・インテリア雑誌</td></tr>
<tr></tr>
<tr><td>担当している主な業務</td><td colspan="2">日中は営業活動で移動しており、朝と夕方は資料作成や会議。基本的に土日は休みだが、急な業務が入ることもある。</td><td>チャレンジしていること</td><td colspan="2">心身のケアに関するスキルや趣味について勉強している。例えばヨガや健康料理。</td></tr>
<tr><td>悩んでいること</td><td colspan="2">キャリアには満足しているが自分の時間がないことが悩み。ママ友との時間や、友人との時間もたまには欲しいと思っている。心身のケアへの投資は惜しまない。</td><td>検索（連想）しているキーワード</td><td colspan="2">お手軽レシピ、料理本、マインドフルネス、パワースポット、オーガニック、家事 時短、エステ、など</td></tr>
</table>

基本情報

「ペルソナ」とは、商品・サービスの受け手となる代表的な顧客像を言語化したものです。年齢や性別などの基本的な情報のほか、どのような生活をしているのか、どのような情報に触れているのか、何を感じ考えているのか、といった情報を収集・整理します。

ペルソナを設定する目的は大きく分けて2つあります。1つ目は、アプローチする顧客のことを詳しく知るためです。かゆいところに手が届くようなアプローチをするには、顧客目線に立ち、状況や心理を理解することが必須です。

2つ目の目的は、企画に携わるメンバー間における、ターゲットイメージのズレをなくすことです。個々人が思い描くターゲットのイメージがズレていると、仕事のあらゆる面で微妙なズレが生じてきます。ペルソナを用いることで、そのズレを小さくすることができます。

使い方

準備① **[ペルソナを抽出する]**：ターゲットとする顧客を抽出し、ペルソナを設定します。ここでは特定の1人を思い浮かべて設定します（ペルソナを複数設定することは可能ですが、1つのペルソナをイメージする際は1人の顧客を想定します）。

準備② **[調査を行う]**：本人および周辺人物へのインタビューやアンケート、観察を行い、情報を収集します。収集する情報は下記の例のほか、必要に応じて設定します。

例 **収集する情報**
名前、性別、年齢、家族構成、居住地、職業、収入、趣味、休日の過ごし方、好きな雑誌、担当業務、チャレンジしていること、悩み、検索キーワードなど

1 **[情報を整理する]**：情報を収集できたら、ペルソナ像を書き出して整理します。ワークショップのような形で先にペルソナ像を書き出す（準備②を省略する）こともありますが、その場合はペルソナ像が正しいかどうかをチェックするために、後で調査を行うとよいでしょう。いずれにせよ、ペルソナ像は仮説検証を繰り返す中で、修正を加えていくものです。準備②と1を交互に繰り返すイメージで進めていきましょう。

思考が加速する問い

- Q. ペルソナについて知っていることを10個挙げると？
- Q. ペルソナはどんな人生を歩みたい？
- Q. ペルソナを特徴づけるポイントを3つまとめると？
- Q. ペルソナのコンプレックスや成功体験は？

CHECK POINT

- □ 具体的に人物像を想像できるレベルまで言語化できている
- □ 想像だけにとどまらず、リアルな顧客を観察したり、実際にインタビューしたりしている（事実やデータがある）

第2章／市場を分析する

16 共感マップ

ターゲットの置かれている状況や気持ちを把握する

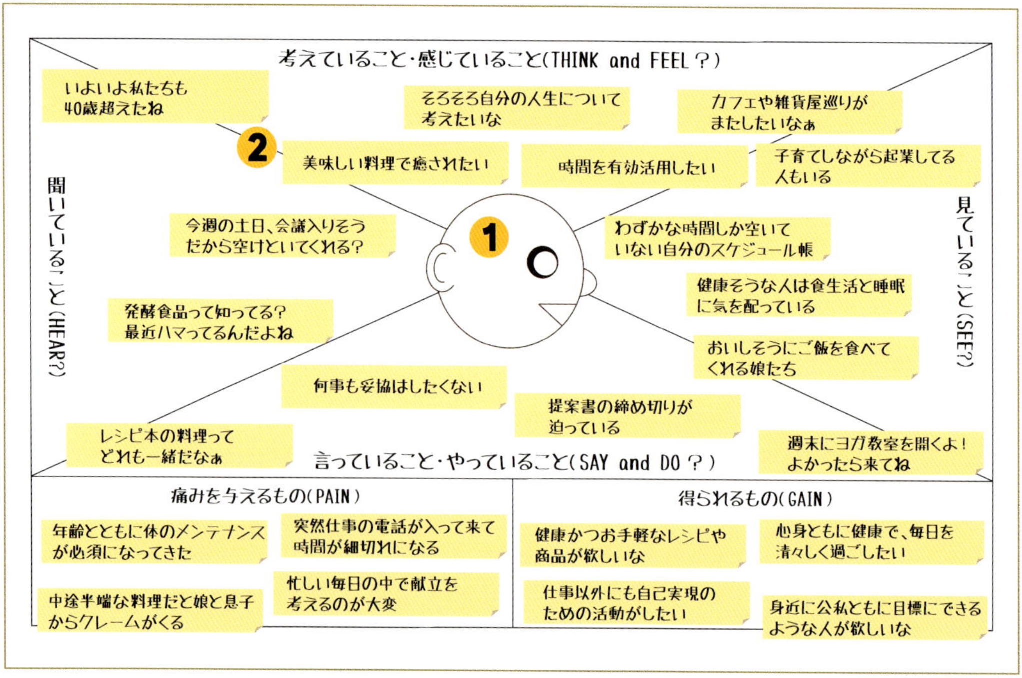

基本情報

「共感マップ」とは、ペルソナ（参照→15）が置かれている状況や感情を理解するために用いられる手法の1つです。ターゲットの分析を行う際や、マーケティング施策を設計する際に具体的なイメージを持てるというメリットや、メンバー間でのペルソナに対する認識のズレを小さくできるというメリットがあります。

ワークショップ形式で仮説としての共感マップを作成する場合もあれば、実際の分析データを用いて詳細に記入していく場合もあります。いずれの場合も、一度作成した共感マップをベースにインタビューや観察などの情報収集を行い、ブラッシュアップしていきます。

使い方

1 **[対象を設定する]**：ペルソナが誰なのかを設定します。その際、中心の顔の部分に名称や簡単なプロフィールを記入したり、顔写真やイラストを掲載したりしてもOKです。

2 **[要素を書き出す]**：ペルソナが生活の中でどのような情報に触れているのか、何を感じたり考えたりしているのかについて、下記の項目を参考に書き出して整理します。まずは思い浮かぶことを書き出し、それから実際に調査した情報を加えていきます。

見ていること	生活の中で見ているもの、出会う問題、触れている人物や商品・サービスなど
聞いていること	周囲の人物から聞こえてくる声、メディアから聞こえてくる情報など
考えていること・感じていること	感情や想い、考えていること、発言にはならないが抱えていることなど
言っていること・やっていること	どのような発言や行動、振る舞いをしているかなど
痛みを与えるもの	障害となることや、リスク、ストレス、恐れとなるような要素
得られるもの	望むもの、欲求、ニーズや、成功の基準をどのように設定しているかなど

思考が加速する問い

Q. ペルソナのことを何％くらい知っている？

Q. ペルソナの五感を刺激するものは何？

Q. 他の人物の生活には出てこない情報はあるか？

Q. ペルソナの生活の中で、キーマンはいるか？

CHECK POINT

- [ ] 作成者（フレームワーク利用者）の前提にある認識を一度リセットできている
- [ ] 書き出したペルソナに共感できる（共感が生まれるレベルまで具体化する）
- [ ] ペルソナの１日が想像できる

17 カスタマージャーニーマップ

認知から行動に移るまでのストーリーを分析する

1	認知	情報収集	比較検討	お試しの購入	定期商品の契約
タッチポイント	インスタグラム 検索エンジン Webサイト	まとめサイト ブログ記事 PDF ブック	ブログ記事 動画	EC サイト商品ページ お申し込みページ Q&A ページ	商品 パンフレット EC サイト商品ページ
2 行動	インスタグラムで発酵食品に関する投稿を見る。 ↓ ハッシュタグをチェック。 ↓ 発酵食品を使った料理の写真や投稿を複数見る。	発酵食品に関する基礎知識やトレンドを調べるため、いくつかの商品サイトや比較記事を読む。 ↓ eBookをダウンロードして、発酵食品の一覧をチェックする。	発酵食品のレシピを調べる。 ↓ ブログや動画を見る。 ↓ 動画を継続配信しているチャンネルをフォローして、定期的に見る。	商品ページにて価格や内容の詳細を確認する。 ↓ トライアル商品や返金制度、クチコミ情報を見る。 ↓ トライアル商品を申し込む。	単品購入したトライアル商品を実際に利用する。 ↓ トライアル商品と一緒に送られてきたパンフレットを読む。 ↓ 公式サイトの商品ページで定期便の申し込みを行う。
3 心理状況	↑健康によさそう。手軽にできるなら試してみたい ↓めんどくさくて結局三日坊主になる可能性は高いな	↑実際に健康によさそう。商品も豊富にありそう ↓種類が多く、どれから試せばいいか迷う	↑ご飯に合いそうなモノって便利そうだな ↓忙しくて時間もないので、取り入れるのに手間がかかると嫌だな	↑簡単アレンジできて、お皿を汚さないのはいいな ↓定期便は便利だけど、好みに合わなかったら嫌だな	↑毎月決まったタイミングで届くのは便利だな ↓定期購入しているうちに飽きてしまうかも…？
4 ニーズ	発酵食品って一体どういうものなの？	何から試せばいい？ 選ぶ基準は？	簡単レシピってあるかな？	実際に食べてみたい（お試しがしたい）	アレンジの方法をもう少し知りたいな

基本情報

「カスタマージャーニーマップ」とは、ペルソナが自社の商品・サービスを購入するまでにたどる体験プロセスを、時系列のストーリーで図示したものです。顧客がゴールに至るまでに取る行動や感じることを、顧客目線で把握できるというメリットがあります。顧客分析を始め、マーケティング施策の設計やサービス開発などの幅広い場面で活用されます。

顧客の体験ストーリーを書き出し、整理していく際には、段階ごとの心理状況の中で、ネガティブな要素を可視化することがポイントです。ネガティブな要素を克服するための方法を設計し、スムーズに次の段階へと進んでもらうことが、マーケティング施策の成功につながるからです。分析後は、整理した心理状況やニーズを満たす方法を具体的に考える工程に進みます。

使い方

1 **[体験プロセスを書き出す]**：ペルソナの体験プロセスを、主要な段階に分けて書き出します。先にゴール（左の例の場合は「定期商品の契約」）を設定し、そこに至るプロセスを書き出すと、ブレずに整理することができます。

2 **[行動とタッチポイントを書き出す]**：各段階での詳細な行動と、そのときどのようなタッチポイント（接点）に触れているのかを書き出します。

例 **タッチポイント（接点）**
Webサイト、ブログ、アプリ、予約システム、店舗、人、チラシ、クーポンなど

3 **[心理状況を書き出す]**：各段階でどのようなことを感じているか、考えているか、その心理状況を書き出します。ポジティブな心理とネガティブな心理の両方が存在しているはずで、特にネガティブな要素を見逃さないことが重要です。

4 **[ニーズを書き出す]**：欲しているモノ・コト・情報や、抱えている課題を書き出します。分析後は、このニーズを満たす方法を具体的に考える作業へと進んでいきます。

思考が加速する問い

Q. 顧客の体験ストーリーを自分で語れるか？

Q. どうやってネガティブな心理状況の実態を集める？

Q. 顧客は何を考えているだろうか？

Q. 自分なら何を感じるだろうか？

CHECK POINT

- [ ] 顧客が一連のプロセスの中で判断を下すタイミングや、判断のポイントを可視化できている
- [ ] ストーリーが飛躍せずに連続している

STEP 3

競合について分析する

自社にとっての競合は誰だろうか？ 競合を知ることで自社を知る

このステップでは、競合について分析するフレームワークを紹介します。競合とは、直接的・間接的を問わず、自社と同じターゲット向けに価値提供を行う組織のことです。自社がどのポジションを目指すかを検討するうえで、競合の情報は必要不可欠です。ここでも、まず「自社にとっての競合は誰か」と、「競合は何をやっているのか」という、2つの視点で分析していきます。

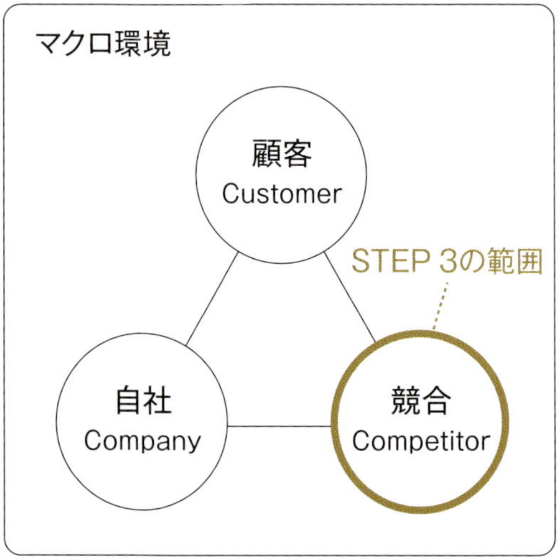

分析の目的は何か？

競合の戦略や、強み・弱みを知ること。これらは競合分析をするうえで重要な目的ですが、もっと重要な目的があります。それは「競合を分析したうえで、自社が何をすべきかを知ること」です。今、誰が何をやっていて、何をやっていないのかを知ることで、自社が今は何をすべきかを明確化できるのです。

例えば、商品開発の場面を考えてみましょう。思い付いたアイデアを商品・サービスとして作り込んでから、インターネットで競合を分析し、マーケティングやPRでなんとか差別化しようとするというケースを見かけますが、これは順序が逆ですね。先に、誰が何をやっているのかという情報と、時代性を考慮することが必要です。そして次に、今、自社がやるべきことの大枠の方向性を決めてから、具体的な方策を考えていくというのが自然な流れです。

実際に競合分析をするためには、まず「競合が誰かを明確化する」ことが必要です。初めに競合の一覧を整理したうえで、それぞれについて掘り下げるようにしましょう。

競合を分析する際は調査項目を分解して考える

分析をする際は、対象の構成要素を分解して、調査項目や調査目的を特定することが肝要であるということはすでに触れました。これは競合分析の場合も同じです。競合の経営資源や事業の運営プロセスを分解し、全体と部分で見ていきましょう。

右図は「バリューチェーン」と呼ばれる、企業が顧客に届ける価値の連鎖を可視化するフレームワークです。顧客に価値を届ける直接的な活動である「主活動」と、主活動を支える内部的な動きである「支援活動」に活動プロセスを分解して考えます。

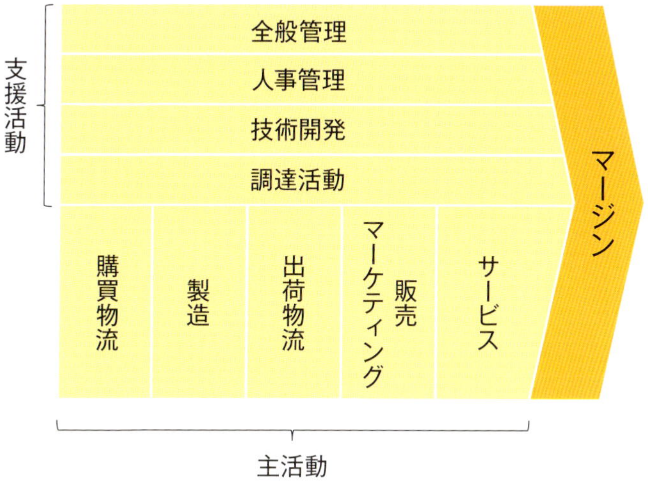

競合の事業では、主活動である「購買物流」「製造」「出荷物流」「販売・マーケティング」「サービス」という各活動がどのような流れで設計されているか、あるいは、各活動の中では具体的にどのような施策を実施しているのか、といったことを分析していきます。バリューチェーンを用いた分析は「バリューチェーン分析」と呼ばれ、詳しくは後ほど紹介します。そのほか、事業の核となる「誰に、何を（届けるのか）」を分析する「4P＋誰に何を分析」、企業が持つ「他社には真似できない資源」を分析する「コア・コンピタンス分析」などを用いて、競合の持つ資源戦略を分析していきます。

このステップで紹介している競合分析のフレームワークは、自社の分析に使えば自社分析ツールになります。このように、何を分析する必要があり、そのためにはどの分析手法が適切かを考えて、柔軟にフレームワークを活用していきましょう。

18 4P分析

競合のマーケティング戦略を分析する

❶ 製品 Product	・デザイン会社による資料作成代行サービス ・営業資料や企画提案書を外注したい企業向け
❷ 価格 Price	・プランA：100,000円／月（10時間程度の作業量まで） ・プランB：300,000円／月（50時間程度の作業量まで）
❸ 流通 Place	・ほとんどWebからの認知（SEOが強い） ・拠点は大阪、関西ではアナログな営業も
❹ 販売促進 Promotion	・自社メディアで資料作成や時短術のノウハウを配信 ※資料作成関連のキーワードで上位表示を多数獲得 ・オンラインの学習コミュニティ運営

基本情報

「4P分析」では、「製品（Product）」「価格（Price）」「流通（Place）」「販売促進（Promotion）」の4つの要素から、マーケティング戦略の分析や設計をします。

自社のマーケティング戦略を設計する際は、STP（参照→35）と組み合わせ、誰に何をどのように提供するのかを検討しましょう。他社を分析する際は、それぞれの要素をチェックし、他社の意図や、自社が競争優位性を見いだすことができるポイントを考えます。

4つの要素の中でも特に多様なのがPromotionです。マーケティングやPR、ブランド戦略、コミュニティづくりなど、いろいろな手法が研究され、複合的に活用されています。自分たちが得意とする方法を見いだすのと同時に、トレンドを把握しておくことが大切です。

使い方

1 **[製品をチェックする]**：競合が展開している商品・サービスに関する情報をチェックします。どのような商品・サービスを提供しているか、特徴や人気のポイントなどの情報を収集します。

2 **[価格をチェックする]**：商品・サービスの価格をチェックします。商品単価に加え、全体の価格帯、セット商品などのパッケージ戦略を調べます。また、業界全体の相場価格と比較できると、全体での位置付けを把握しやすくなります。

3 **[流通をチェックする]**：商品・サービスを顧客へ提供するルートに関する情報をチェックします。店舗の立地や配送、ECサイトの有無など、顧客が商品・サービスをどこで知り、どこで購入するのかといった情報を収集しましょう。

4 **[販売促進をチェックする]**：商品・サービスを知ってもらうためにどのような施策を行っているかをチェックします。営業活動や広告、マーケティング、PRなど、ユーザーとのコミュニケーション方法や、その頻度について情報を収集しましょう。

思考が加速する問い

Q. マーケティングとは何か？

Q. 売れている商品の共通点は？

Q. 価格の相場は？

Q. 販売促進手法のトレンドは？

CHECK POINT

- □ 競合のマーケティング戦略の力点（特徴）が理解できている
- □ 競合の成功要因・失敗要因が可視化できている
- □ 1社だけでなく複数の競合をチェックできている

19 4P＋誰に何を分析

各競合の大まかな戦略の概要を整理する

	❶ 自社	競合A	競合B	競合C
誰に（ターゲット）	30〜40代 こだわり派の女性	10代後半〜20代中盤 大学生を中心とした若者	20代〜30代 自立した1人暮らしの女性	30代〜40代中心 ママ（主婦）
何を（届ける価値）	こだわり派にぴったりの厳選アイテム	最新トレンドのファッションコーディネート	❷ かっこいい女性になるためのエッセンス	子育てママのおしゃれ生活
製品 Product	厳選された海外のファッションアイテム	トレンドに合った商品を展開。点数も多い	できる女性に思われるファッションアイテムと関連商品	機能面にも配慮したファッションアイテム
価格 Price	相場よりはやや高め	低単価の商品多数。Webからも購入可能	高くもなく安くもない価格帯で展開	相場より低単価のものが多い。ポイント制度を活用
流通 Place	海外のアイテムやトレンドに強い	多数のブランドとつながりがあり、仕入力が高い	駅前に店舗があり露出に強み	移動型の簡易ショップを展開。モールとコラボも
販売促進 Promotion	ファッション情報のフリーペーパーを定期発行	大型の自社メディアを保有。Webの集客力がある	インフルエンサーを招いたトーク会を行っている	地元のママコミュニティとつながり多数

基本情報

「4P＋誰に何を分析」とは、マーケティング的な観点から競合調査を行う際に活用するフレームワークです。4P（参照→18）の「製品」「価格」「流通」「販売促進」に、「誰に（ターゲット）」「何を（届ける価値）」を加えた計6つの項目で、情報収集と分析を行います。 6つの項目を調査する中で、自社がどのポジションを取る必要があるのかを検討できます。

なお、6項目の中の「何を（＝届ける価値）」とは、形として目に見える商品・サービスではなく、本質的に企業が顧客に届ける価値やソリューションのことを意味します。例えば、カフェが提供しているコーヒーという商品は「製品（Product）」になりますが、「リラックスできる空間」などのもう一段階根幹にある提供価値は、「何を」に当てはまります。

使い方

1 ［調査対象を設定する］：分析対象となる競合をピックアップして記入します。ここに自社を加えることで、競合と自社の比較表にすることも可能です（左の例を参照）。

補足 調査対象の選び方

ここでは、調査対象を選ぶ基準や範囲を明確にすることがポイントです。左の例では、アパレルのセレクトショップを分析対象としています。特別な意図がある場合を除いて、抽象度の高い基準を設定するのは避けましょう。例えば「女性向けの小売サービス業」のような基準にしてしまうと、調査内容がバラつき、分析の役に立たないというパターンに陥ります。自社の位置付けを明確にし、必要な情報が集められる範囲で設定しましょう。

2 ［調査と情報整理を行う］：分析対象を整理できたら、各項目の情報を調査します。具体的には、顧客へのヒアリングやクチコミ調査、現場（店舗や施設）での観察、商品ラインナップ、販促物や広告などから情報を収集していきます。外からではわからない情報については、競合のマーケティング施策を自分自身で体験してみることも重要です。

思考が加速する問い

Q. 業界内の勢力図はどうなっている？

Q. 感動した他社の商品・サービスは？

Q. 顧客の満足度とその理由は？

Q. 自社が業界No.1になるには？

CHECK POINT

- [ ] 主要な競合を抜け漏れなくピックアップできている
- [ ] 現場に足を運んでつかんできた情報がある
- [ ] 各競合の戦略が大枠でつかめている

20 バリューチェーン分析

事業の運営プロセスを分解して分析する

	購買物流	製造	出荷物流	販売 マーケティング	サービス
小プロセス①	**材料・パーツ選定** 豊富な素材選定の知識がある	**部品加工** ニッチな加工にも対応できる	**配送と管理** 多数の大型倉庫を持っており管理容量が大きい	**宣伝広告** 予算が潤沢でマス広告を活用するノウハウがある	**問い合わせ対応** 店頭と電話に加え、オンラインのQ&Aサイトもある
小プロセス②	**配送** これといった特徴や強みはない	**組み立て** 自動化が進んでいて大量生産でも組み立てが速い	**店舗への配送** 店舗間でも商品を移動させていて、バランスがよい	**店舗商品陳列** 商品陳列、ディスプレイの使い方を工夫している	**アフターサポート** 業界でもトップクラスのアフターサポートを提供
小プロセス③		**検品** 検品技術と体制の整備に高度なノウハウがある		**商品説明** 顧客専任のスタッフが丁寧に説明。その場で体験も可	
小プロセス④				**支払手続・決済** 基本的な決済手段にはすべて対応。ローンもOK	

基本情報

企業が顧客へ提供する価値の連鎖（つながり）を可視化する手法である「バリューチェーン」の概要は前述しました（STEP 3の解説を参照）。バリューチェーンを活用し、自社や他社について分析する手法が「バリューチェーン分析」です。活動を切り分けて考えることで、競争優位性を細かく分析したり、各活動のコストや貢献度を分析したりすることができます。

バリューチェーン分析にはさまざまな形式が存在しますが、ここではバリューチェーンの中の「主活動」に着目し、競合の活動を分析するフォーマットを紹介しています。まず主活動を切り分けし、各活動をもう一階層下げた「小プロセス」に分解して考えることで、それぞれの活動の特徴や、競争優位性を生み出している要素を分析します。

使い方

1 [バリューチェーンを可視化する]：分析の一歩目はバリューチェーンの把握です。バリューチェーンは業種ごとに異なるため、自社や自社の属する業界における主活動部分を可視化する必要があります（左の例は製造業をイメージした一例です）。

例 通信業と小売業のバリューチェーン

通信業	インフラ構築	営業	契約	サービス	支払い	フォロー
小売業	商品企画	仕入れ	告知	店舗対応	販売	フォロー

2 [情報収集と分析を行う]：各活動のプロセスをもう一階層掘り下げます。細分化した活動プロセスの名称と、そこで行われている活動の内容や特徴について情報収集し、整理します。複数の企業を比較する場合は、各活動プロセスの特徴を簡潔にまとめ、一覧で整理するとよいでしょう（読者特典のダウンロードファイルの中に、一覧形式のフォーマットも用意しています）。

思考が加速する問い

- Q. 価値提供の活動の中で、顧客が意識するプロセスは何？
- Q. 同じ業種でもバリューチェーンが異なる企業は？
- Q. 独自性の出やすい活動プロセスはどこ？
- Q. 分析対象の企業がなくなったら、誰がどう困る？

CHECK POINT

- □ 業界に合ったバリューチェーンを把握できている
- □ 各活動の工夫点と、そのために必要なコストの目安がわかっている
- □ 競合ごとの特徴を整理できている

21 コア・コンピタンス分析

他社の強みを知り、自社にしかない強みを分析する

		自社	A社	B社	C社
商品力	商品サービスの開発数	40	80	40	40
	開発スピード	50	70	50	40
	製品シェア率	40	70	50	30
企画力	リサーチ力	60	60	50	60
	プランニング力	70	40	50	70
	顧客育成力	80	30	40	70
営業力	営業人員数	30	40	60	80
	企画提案力	60	50	70	80
	顧客名簿数	60	60	80	70
サポート力	相談対応人員数	60	40	60	50
	フォロー力	80	30	70	60
	顧客満足度	70	50	50	60
総合得点		700	620	670	710

基本情報

「コア・コンピタンス分析」は、「顧客への価値提供を行う能力のうち、他社には真似することのできない中核的な能力」を分析するフレームワークです。つまり、競合と比較しながら、「他社には真似できない自社の強み」を分析します。

上の例では「商品力」「企画力」「営業力」「サポート力」を大項目にし、さらにもう一階層掘り下げて細分化した計12項目で分析しています。コア・コンピタンス分析で扱うのは、「顧客への価値提供を行う能力」に関する要素です。例えば「リモートワークで子育て中のスタッフも活躍できる」「充実したインターン制度がある」などの内部的な強みは、仮にそれが企業価値の1つだったとしてもコア・コンピタンス分析では考えません。

使い方

1 **［分析項目を設定する］**：左の列に分析項目を設定して記入します。可能な限り、数値化できるような定量的な項目を設定しておくと、後の調査・分析がスムーズに運びます。

2 **［調査対象を設定する］**：調査対象を設定します。1列目に自社、2列目以降に競合を設定すると、一覧で比較できて便利です。設定する調査対象には、直接的な競合、間接的な競合、関連企業など、いくつもの選択肢があるはずです。分析の目的に合った範囲内からピックアップしてください。

3 **［調査を行う］**：実際に情報収集し、分析します。複数メンバーでこの作業を行う場合は、点数化する際の基準を共有しておきます。点数化の基準に迷ったら、VRIO分析（参照→11）を使うのもオススメです（例：自社の開発力は模倣困難性が高いか？ など）。

4 **［コア・コンピタンスを整理する］**：最後に、それぞれの企業のコア・コンピタンスはどこか、どのようなところと組むと自社にとってプラスか、といった情報を整理します。

思考が加速する問い

Q. 他社のユニークな取り組みはあるか？

Q. 各社の強みや弱みは何だろうか？

Q. どんな強みを持っている会社と組むとプラスか？

Q. 分析対象の企業がこれまで積み上げてきたものは？

CHECK POINT

- □ 競合の強みを定量的に可視化できている
- □ 各社の強みの源泉（それが強みになっている理由）が見つかっている
- □ 他社と比較したうえで、自社のコア・コンピタンスが明確になっている

コラム　定量・定性の違いをきちんと知っておこう

第2章では、分析に関するフレームワークを紹介してきました。その中で「定量的」「定性的」という言葉が何度が登場しましたが、情報の収集や分析を行う場合は、両者の違いを押さえておくことがポイントです。ここでは、その言葉の意味を補足しておきたいと思います。

定量と定性の違い

定量とは、明確な数値やデータなどの「数字」で表せる要素のことです。売上額や販売数、スタッフ数、顧客数、価格、割合、変化率などが該当します。定量的に考えることで、数値的事実にもとづいた、誰が見ても共通の認識を得られる要素を明確にできます。

一方で、定性とは、数字では表せない「質」に関する要素を表します。定性的に考えることで、目的や狙い、原因、関係性、意味、文脈などを明確にしやすくなります。

定量的な視点、定性的な視点の両方が必要

さて、定量、定性の2つの違いについて触れましたが、これらの視点はどちらか片方だけ持っていればよいのではなく、両方を使い分けられることが重要です。

例えば、「競合A社の売上が伸びている」ということについて分析する場合、定量的な情報を考えると「競合A社の売上が月あたり5,000万円伸びている」のようになります。「売上が伸びている」だけでは、それが脅威なのかどうか（どれくらい重要視すべきなのか）がわからないので、数字を入れることが大切であるとわかりますね。

また、同じ例を定性的に掘り下げると、「新商品のプロモーションが20代の女性にヒットしてクチコミを呼んでおり、その結果として競合A社の売上が月あたり5,000万円伸びている」のようになります。「売上が月5,000万円伸びている」だけでは、その理由や背景、今後の動向がわからず、どこをどうすればよいかを検討するのが難しいので、定性的な情報を収集することも大切であることがわかります。

「定量と定性の両方に目を向けられているか？」という問いを常に持って、分析にトライしてみてください。

第3章

課題解決のためのアイデアを練る

STEP 1

制限なくアイデアを発想する

アイデアの種となる選択肢を作る

このステップではアイデア発想の手法について考えてみましょう。第3章全体で見ると、アイデアを広げて形を作り、評価・選択を行うという大きな流れがあります。そのうち、この最初のステップでは「アイデアを発想する」という目的で活用できるフレームワークを紹介していきます。ぜひ頭を柔軟にして、楽しくトライしてみてください。

アイデアの発散と収束

このステップの内容

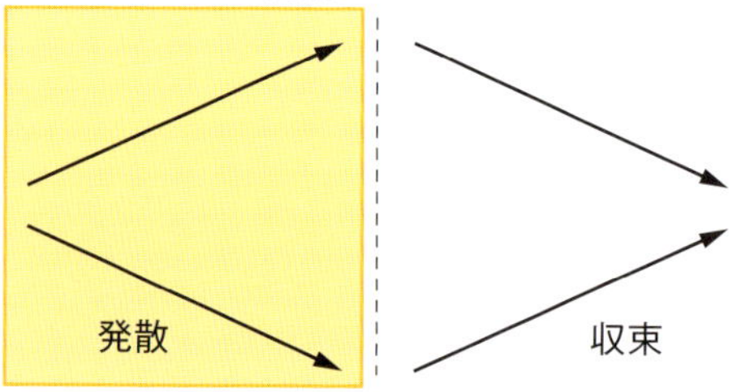

アイデアを生み出す流れは「発散」と「収束」の大きく2つに分類することができます。

「発散」とは情報をインプット、理解、分解し、そこからアイデアを自由に広げるステップです。この発散の段階ではアイデアの質にこだわりすぎずに、まずは量を出すことに力点を置きます。現状や前提、常識にとらわれない、制限のない柔軟な発想が求められます。自分がアイデア発想の場を作る役割を担う場合は、柔軟なアイデアを出すことができるよう、発言しやすい安心安全な場づくりに努めます。

発散と対になる「収束」とは、発散したアイデアを整理、分類、結合するなどして、具体的に活用できる形へと磨き上げていくことです。ここでは、発散したアイデアの中から重要な要素を抽出したり、抽象的な情報を具体化していく能力などが求められます。

目的を達成するためのアイデアにたどり着くまで、この「発散」と「収束」を何度も繰り返していきます。本章の最初のステップである「制限なくアイデアを発想する」というテーマでは、主に発散段階で高い効果を発揮するフレームワークをピックアップしています。まずは、アイデアの種となる選択肢をたくさん出すという意識を持って、各フレームワークを活用してみてください。また、アイデア発想の手法は本書で紹介している方法以外にもたくさん開発されていますので、ぜひあわせて習得し、アイデアを発想する楽しさと、「思考体力」を育んでほしいと思います。

アイデアを広げていく２つの方向性

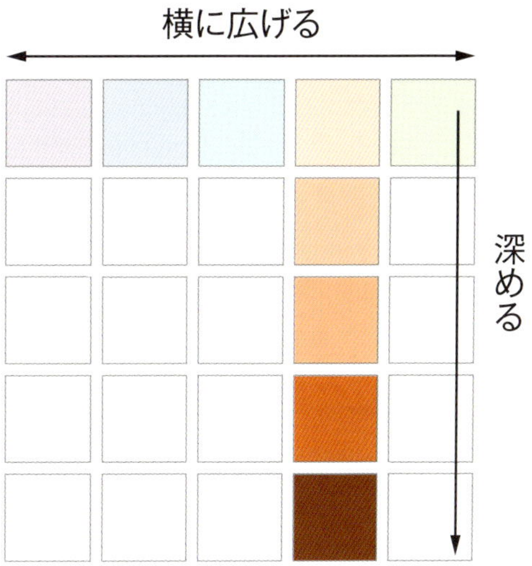

考えを発散していく作業も２つのタイプに分けられます。１つはテーマやキーワードから横に発想を広げていく方法、もう１つは気になるポイントを縦に掘り下げていく方法です。これもまた、どちらか片方だけではなく、両方の考え方ができることが重要です。

横に広げて考えていくというのは、その対象に対して「どんな切り口で考えられるだろうか」という、切り口の選択肢を出すようなイメージです。横に横にアイデアが広がっていくと、課題とまったく関係のないアイデアに飛ぶこともあります。

一方、気になるポイントを縦に掘り下げていく（深めていく）というのは、気になった特定の要素やキーワードを起点にして、その周辺の情報を考えたり、表現を置き換えてみたりして、情報の密度を上げていく考え方です。

横に広げたうえで、気になるポイントを深く考えてみる。気になるポイントを深く考えてみたうえで、横に広げてみる。このように、考える順番は時と場合や、自分の得意なパターンによって変わってきます。発散段階で大切なことは、横に広げることと深く掘り下げていくこと、その両方を行い、情報を多面的にとらえることです。

まずは質よりも量を意識してたくさんの選択肢を

さて、これから実際にアイデア発想に関するフレームワークを活用していくわけですが、前述のように、このステップにおいては「質より量」を意識してください。ある程度の量があってこそ、これまでにない着想を得ることができるからです。量を出すための場づくりに気を配り、ときには普段とは違う環境を用意することも必要になります。また、多様なメンバーに協力してもらい、さまざまな視点や経験、知識を借りて、アイデアを発想してみてください。

22 ブレインライティング

他者のアイデアをヒントに発想を広げる

テーマ

① 新しいテーマパーク

②	無料で遊べる	シニア向け	もっと身近に
③	10回利用すると1回無料	動きが少なくても楽しい アトラクション	コンパクトなサイズ
	友達の多い人は 発信する代わりに無料で遊べる	バリアフリー完備	テーマも身近 学校の勉強内容とか
	Twitterのフォロワー 10,000人以上の人は 無料で遊べる	あえて身体をフルに動かす （健康促進）	数学好きの小学生向け 理系テーマパーク
	来ていない人も SNS上で楽しめる仕掛け	身体も頭も使うような 健康によいアトラクション	身体も動かす 科学館
	ライブ配信	あの頃を思い出す	数学を使ったゲームで 対戦できる

基本情報

「ブレインライティング」は、回覧板のようにシートを次の人に回していき、前の人のアイデアを借りながら思考を広げていく手法です。思考を強制的に広げることで「量」を確保できるほか、発言することが苦手なメンバーでも気軽に参加できるメリットがあります。

特典のテンプレートは6人のメンバーで実施することを想定していますが、5名以下のメンバーでも実施可能です。

なお、「前の人が書いたアイデアを参考に、自分のアイデアを書き足す」という意味では、次に紹介する「マンダラート」も同じような使い方ができます。

使い方

❶ **［テーマを設定する］**：1人1枚シートを用意したら、アイデア発想を行うテーマを設定します（全員共通）。左の例では「新しいテーマパーク」をテーマにしています。より具体的な範囲のアイデアを出したい場合は、「テーマパークの夏休みの集客を増やす方法」など、設定するテーマを絞り込むように工夫します。

❷ **［一番上の行に思い浮かぶことを書く］**：各自がシートの1行目に、テーマから思い浮かぶアイデアを記入します。1行あたり3～5分の制限時間を設定しておきましょう。1行目を書く時間が終了したら、シートを隣の人に回します。次の人に渡しやすくするために、円形（または四角形）に並ぶとよいでしょう。

❸ **［次の行に思い浮かぶことを書く］**：回ってきたシートに書かれている内容をヒントに、次の行にアイデアを記入します。前の人のアイデアに相乗りしても、新たに思い浮かんだものを記入しても構いません。以降、1行書いては回す作業をシートが埋まるまで繰り返します。行の数が回す回数となるので、必要な量に応じてシートを調整します。

思考が加速する問い

Q. 誰を巻き込むと最も効果的だろうか？

Q. 会議で発言が少ないメンバーの意見は？

Q. テーマに関連する主要なキーワードは？

Q. 遊び心を加えるなら？

CHECK POINT

- ☐ 役割や性格の異なるメンバーをアイデア発想に巻き込めている
- ☐ 参加メンバーそれぞれの視点を活かした、異なるアイデアが出てきている
- ☐ 戦略・戦術を考えるための起点となるようなアイデアが出てきている

23 マンダラート

キーワードの連想によってアイデアを広げる

記念写真	思い出	七五三	ドローン	YouTube	メモリアルムービー	体験	フリー素材配信	撮影ノウハウ
写真館	撮影する	料理	映画制作	動画にする	商品紹介	商用写真	販売する	写真集
出張撮影	結婚式	デート	動画撮影	スライドショーアプリ	ウェディングムービー	アルバム	ポストカード	写真立て
メイク	Photoshop	加工アプリ	撮影する	動画にする	販売する	スタジオ	販売システム	写真データ
文字入れ	加工する	フィルター	加工する	写真サービス	貸し出す	カメラマン	貸し出す	ブランド
販促物	可愛い	パステル	イベントにする	見せる	仲介する	カメラ	関連グッズ	衣装
写真教室	写真好きオフ会	フォトコンテスト	ブランディング	写真展示会	ポートフォリオ	C to C写真販売	カメラマンスカウト	ポートフォリオプラットフォーム
写真を使ったPR	イベントにする	フォトギャラリー	インスタ映え	見せる	SNS	カメラマンマッチング	仲介する	モデル手配
ファッションショー	モデル体験	カメラ販売イベント	ディスプレイ	アート	プリクラ	著作権保護	アンテナショップ	プレスリリース

基本情報

「マンダラート」とは、マス目状のフレームの中心にテーマを設定し、そこから連想されるアイデアやキーワードを、周辺のマスへと書いていく手法です。マスを用意することで強制的に一定量のアイデアを出力できることがメリットといえます。書き出したキーワードの中から、新たなアイデアへとつなげられる方法はないかを模索していきます。

ここではアイデア発想の手法として紹介していますが、問題や課題の要素を書き出す際や、目標設定を行うとき、やりたいことを考える際など、情報を広げて考えたいさまざまなシーンで活用できます。キーワードを網羅的に可視化できるところが、マンダラートの特徴です。

使い方

1 [中心のキーワードを設定する]：中心にテーマやキーワードを書き出します。左の例では、写真館事業の新たなサービスアイデアを考えるという目的で、「写真サービス」を中心のキーワードにしています。

2 [連想されるキーワードを書き出す]：中心に書いたキーワードから連想されるキーワードを、周辺の8つのマスに書き出します。

3 [さらにそこから連想されるキーワードを書き出す]：2で書き出した8つのキーワードを、周囲の8マスの中心に書き写し、それぞれのキーワードからさらに連想されるキーワードを書き出していきます。

補足 アレンジして使おう

最初の9マスのみで行う場合もあれば、例のように81マスを用いることもあります。どのくらいの量が必要かによって、マスの構成を考えましょう。また、個人で1枚に記入するだけでなく、複数人で1枚に書き込むなど、アレンジして活用することも可能です。

思考が加速する問い

Q. これまで考えていなかった側面はあるか？

Q. 別の人ならどんなことを書くだろうか？

Q. 名詞だけ（動詞だけ）で書いてみると？

Q. もう限界か？（思い付かなくなってからが勝負！）

CHECK POINT

- [ ] すべてのマスを埋められている（まずは質より量を重視）
- [ ] 対象とするテーマに関わるキーワード群の全体像が見えてきている
- [ ] さらに深く掘り下げてみたいキーワードが見つかっている

24 形態分析法

テーマを変数に分解してアイデアを発想する

❶ テーマ：新しい図書館

❷	雰囲気	場所	機能
要素1	オープンな雰囲気	駅周辺 ❸	書籍の貸し出し
要素2	カフェのような軽く音のある雰囲気	僻地	スペースの提供
要素3	古本屋のような好奇心をくすぐる雰囲気	商店街 ❹	イベントの開催

基本情報

「形態分析法」では、対象となるテーマや課題に対して、まずその対象を構成する変数を明記し、各変数の要素を挙げます。そして、その要素を組み合わせて、アイデア化していきます。

右図は「新しい図書館」についてのアイデアを、形態分析法を用いて考えた際のイメージです。図のように、形態分析法では3つの主要な変数（例の場合は、雰囲気、場所、機能）を軸として、3次元で考えるイメージです。

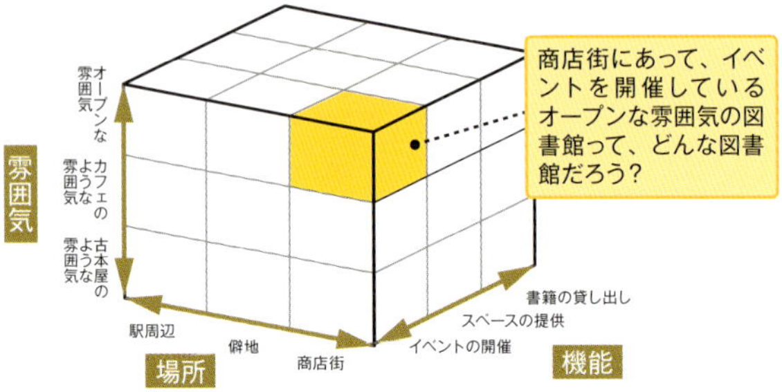

使い方

1 **[テーマを設定する]**：アイデア発想を行う対象となるテーマを設定します。左の例では「新しい図書館」というテーマを設定しています。

2 **[変数を設定する]**：変数を設定します。左の例でいうと「雰囲気」「場所」「機能」の部分です。変数に取り上げる基準はテーマへの影響度の高さです。「新しい図書館」がテーマなら、他にも「本の冊数」「貸出システム」などがあるでしょう。変数が多すぎるとアイデアが膨張するので、基本は3つ、多くて5つほどに絞るのがオススメです。

3 **[要素を書き出す]**：設定した変数ごとに要素を書き出します。例では3つまでになっていますが、実際は量と質に制限を設けず書き出しましょう。

4 **[アイデアを作る]**：書き出した要素を組み合わせてアイデアを作ります。例えば「オープンな雰囲気」「商店街」「イベントの開催」を組み合わせて、「商店街にあって、イベントを開催しているオープンな雰囲気の図書館って、どんな図書館だろう？」といった具合に考えていきます。

思考が加速する問い

Q. 変数の組み合わせを変えてみると？

Q. 新しいアイデアを考えるコツは？

Q. モヤモヤを感じるキーワードはあるか？

Q. 要素をもっと具体的にしてみると？

CHECK POINT

- [ ] 対象を構成している変数が何なのかを把握できている
- [ ] 新たなアイデアの核となるような要素が見つかっている
- [ ] 組み合わせた要素から、1つのアイデアを語ることができる

25 シナリオグラフ

物語を考えることでアイデアを広げる

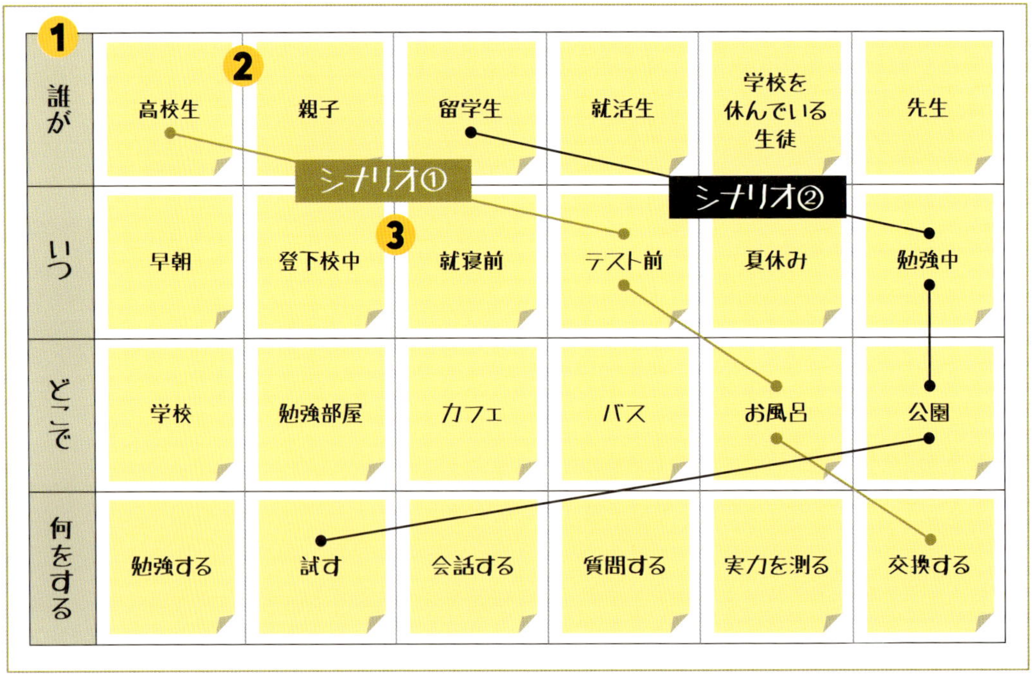

基本情報

「シナリオグラフ」とは、「Who（誰が）」「When（いつ）」「Where（どこで）」「What（何をする）」という4つの変数から要素を書き出し、物語（シナリオ）を作ることでアイデアを生み出すフレームワークです。発想がマンネリ化して、新しいアイデアが出なくて困っているときにオススメです。

ランダムに選択した要素から物語を描くことで、普段は思考が及んでいなかったような着想を得られることがメリットです。そのため、要素を書き出す際は、常識にとらわれずに出力することがポイントとなります。考え方が異なるメンバーや、担当業務が違うメンバーを募って実施すると効果的です。

使い方

1 **[変数を設定する]**：変数を設定します。シナリオグラフの基本は「誰が」「いつ」「どこで」「何をする」の4つです。慣れてきたら、6W2H（参照→02）などの項目を応用して設定するのもよいでしょう。

2 **[要素を書き出す]**：変数ごとに要素を書き出していきます。左の例では、「学生向けの英語学習アプリ」をテーマにしています。ここでは、各変数に対して6つの要素にとどまっていますが、実際には可能な限り多く書き出します（要素の数が少ないと、いつも考えている範囲に収まってしまう可能性が高い）。要素の数が少ないときは、マンダラート（参照→23）を活用して思考を広げます。

3 **[要素を選定してアイデア化する]**：2で書き出した要素をランダムに選び、物語を作成します。例えば「高校生」「テスト前」「お風呂」「交換する」という4つを選択した場合、その4つで物語を作ります。

思考が加速する問い

Q. 既存の商品はどんな組み合わせになっている？

Q. インパクトが大きい変数はどれ？

Q. 想像したことがないキーワードはあるか？

Q. 要素に形容詞を加えると？（例：高校生→ファッションが好きな高校生）

CHECK POINT

- [ ] 各変数に十分な量の要素が書き出せている（最低10個以上！などの目標設定もよい）
- [ ] 組み合わせた要素から物語を語ることができ、シーンがイメージできる
- [ ] 物語を3つ以上考えられている

26 オズボーンのチェックリスト

9つの問いを用いて新たな視点を得る

テーマ(キーワードやアイデア)	❶ 映画館	
転用してみたらどうか? ・映画館でファッションショー ・映画館でプレゼンイベント ・教材として映画コンテンツを使う	**応用してみたらどうか?** ・本のように個人がもっと映画を制作できるようにする ・映画館限定のマッチングサービス	**変更してみたらどうか?** ・映画館でドラマを上映する ・過去の作品も上映する ・定額制にしてみる
拡大してみたらどうか? ・24時間オープンの映画館 ・上映する映画の種類を2倍にする ・子供用のスクリーンを作る	**縮小してみたらどうか?** ・カラオケボックス並みのサイズ ・放映ジャンルを特化する ・イスをなくして寝転ぶ	**代用してみたらどうか?** ・公園の壁で上映する ・スマホで上映する ・コンサートホールで上映する
置き換えてみたらどうか? ・これから制作する映画についてのトークイベントを開催 ・早朝ショーを作る	**逆転させてみたらどうか?** ・映画をお客様に作ってもらう ・明るい空間で話しながら見る ・投げ銭式にしてみる	**結合してみたらどうか?** ・カフェと併設の映画館 ・DVDショップと併設 ・映画館と動画配信サービスが連携

❷

基本情報

アイデアを考える際、「もう少し工夫が欲しい」というところで止まってしまうことがあります。これまでにないような斬新なアイデアが求められることもあるでしょう。しかし、これまでにないアイデアは、これまでと同じ視点で考えていては生み出せません。そこで活躍するフレームワークが、「転用」「応用」「変更」「拡大」「縮小」「代用」「置換」「逆転」「結合」の9つの問いで新たな視点を得る、「オズボーンのチェックリスト（法）」です。

チェックリストという名称からも連想されるように、問いのリストを手元に持っておき、アイデアに詰まったらいつでも活用できるのが便利な点です。問いの切り口のイメージを「使い方」に掲載しているので、1つ1つ当てはめて、発展させられないか考えてみてください。

使い方

1 [テーマを設定する]：テーマを設定して、アイデアについてある程度考えます。自社商品を改良したい場合は、対象の商品・サービスの概要を整理しておきます。

2 [9つの問いでアイデアを広げる]：設定したテーマについて、9つの問いをもとに、新たな視点でアイデアを発想していきます。下記は考え方の例です。

例 問いのパターン

転用	転用できないか？ 他の方法で使えないか？ 新しい使い道はないか？
応用	応用できないか？ 似たようなアイデアはないか？ 他のアイデアを応用できないか？
変更	変更できないか？ 色、形、デザイン、仕様、利用目的、意味付けを変えてみたら？
拡大	拡大できないか？ 大きく、高く、長くしたら？ 付加価値や頻度、割合を高めたら？
縮小	縮小できないか？ 小さく薄く、短くしてみたら？ 機能や情報を減らしたら？
代用	代用できないか？ 素材や人、物、場所、方法を代用できないだろうか？
置換	置換できないか？ 要素や順序、配置、パーツ、プロセスなどを置き換えたら？
逆転	逆転できないか？ 上下や左右、前後、内と外、順序、考え方を逆にしたら？
結合	結合できないか？ セットにしたり、新旧や真逆の要素を組み合わせると？

思考が加速する問い

Q. 既存のアイデアには思考の余地がどれくらいある？

Q. テーマに関する歴史をどの程度知っている？

Q. 自分はどのタイプの考え方をすることが多いか？

Q. 逆に、あまり考えたことがないタイプはあるか？

CHECK POINT

- テーマに対して新たな問いの視点を得ることができている
- テーマに対する理解が深まっている
- アイデアを発展させる方向性を複数見いだすことができている

STEP 2

アイデアを形にしてみる

アイデアを整理して収束させていく

ここまでのフレームワークで、アイデアの種となる選択肢の量を作り、アイデアを広げてきました。このステップでは、発散したアイデアを一度整理し、収束させます。収束させる意味やポイントを押さえたうえで、各手法の活用へと入っていきましょう。

目に見える形にすることの重要性

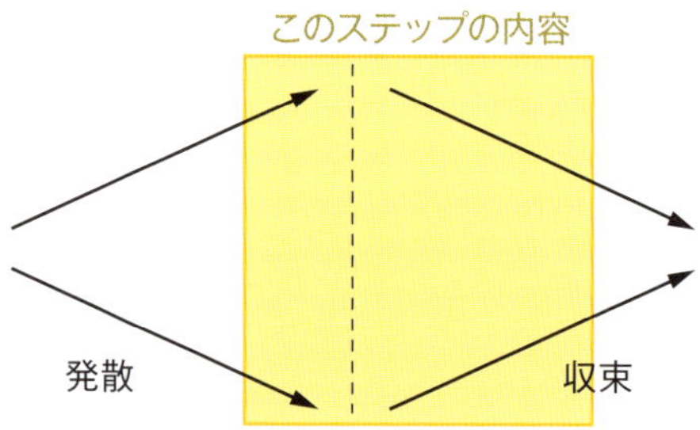

アイデアを生み出していくには、発散と収束の2つのステップがあると、先に触れました。このステップで扱うのは、主に収束に当たる部分の手法となります。

アイデアを収束させて磨いていく際に重視してほしいことが、「まず形にする」ということです。まず形にするというのは、考えている内容を、世の中に出すときのイメージとして書き出すという意味で、想像上の「試作品」と考えるとよいでしょう。

収束のステップでは、ここまで発散してきたアイデアの中で重要な要素を抽出、整理、結合させ、1つのアイデアにして練り込んでいきます。試作品を作ることで、そのアイデアのゴールに対するイメージが明確になり、メンバー間でイメージを共有しやすくなります。そのため、この段階でのポイントは、複雑な要素を盛り込むのではなく、主要な要素や機能を伝わりやすく表現することです。

近年、複雑でスピーディーな環境の変化の中で、アイデアを素早く形にしていく能力が求められるようになってきました。この「まず形にする」ことと、形にしたものを素早く改善していくことが、より重要になっています。アイデアを見える形にしていち早く共有することで、細かく検証と改善を繰り返せるようになり、完成目前に大幅な修正が必要になるという事態を避けられます。

現場シーンやストーリーを意識する

アイデアの試作品を作っていくうえで意識したいのが、「シーン」と「ストーリー」です。シーンとは、実際にそのアイデアが使われている現場の具体的なイメージです。アイデア自体は斬新で面白そうでも、実際にそのアイデアが具現化されているイメージができないようではいけません。つまりこのステップは、柔軟かつ自由に発想してきたアイデアに現実味を持たせていくステップ、といえますね。顧客やターゲットなど、登場人物の状況を具体的に考え、自社のサービスや世の中の流れに組み込めそうかどうかを、現場のシーンを考えながら検証してみましょう。

もう1つのストーリーですが、これは時系列での情報の変化を押さえておくということです。今この瞬間を切り取っただけの情報ではなく、小説や映画のように出発点からゴールに向かって、どのような流れがあるのかということを考えます。

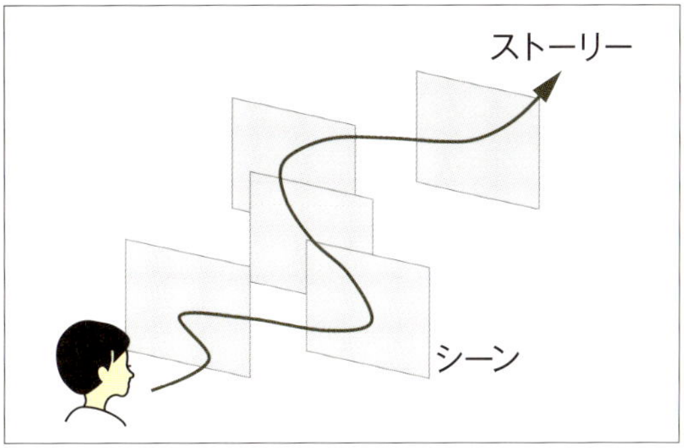

ストーリーにすることで、アイデアがどのような文脈の中に位置するのか、どのような変化を想定する必要があるのか、といった情報を把握できます。また、第三者に説明する際、具体的なイメージを共有できたり、共感を生み出したりもできます。後述するストーリーボードのように、まずは4コマくらいの簡単なものから始めてみて、ストーリーを考える力を育んでいきましょう。

紙やホワイトボードに絵を描く、PowerPointで図解する、Excelでプランを試算する、Illustratorなどのグラフィックツールでデザインに落とし込む、プログラミングしてデモを作るなど、見える形にする方法はさまざまです。本書ではPowerPointのテンプレートを紹介していますが、いろいろな手法を試してみてください。

27 アイデアシート

スケッチを描いてアイデアの骨格を整理する

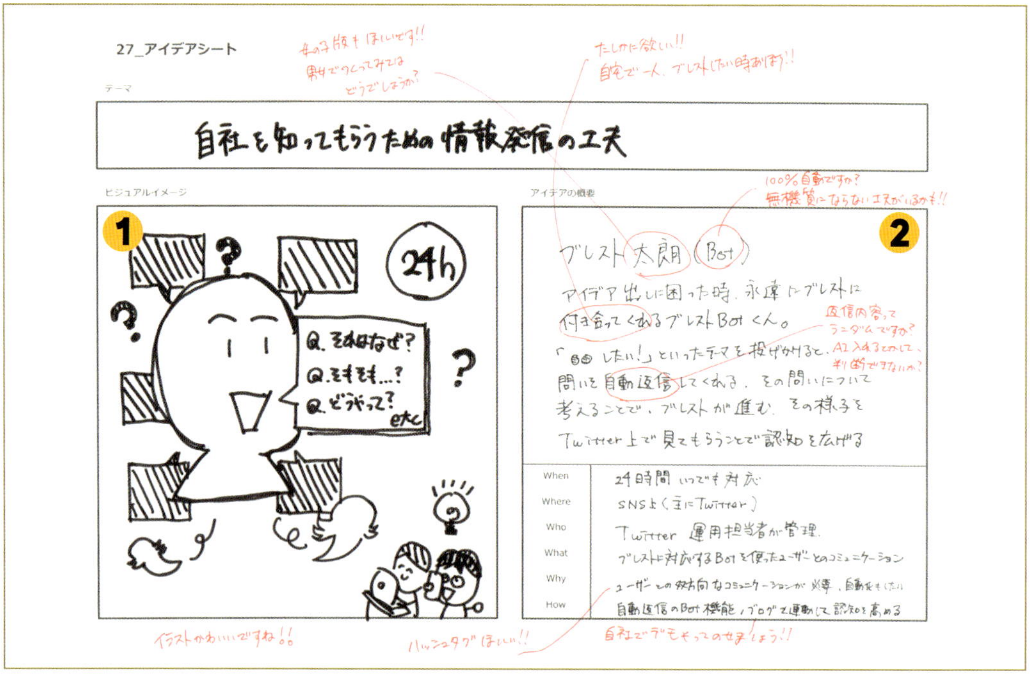

基本情報

「アイデアシート」とは、頭の中にある考えを書き出すためのシートです。頭の中でなんとなく考えているだけでは、アイデアは具体化されません。そこで一度紙に書き出し、自分の頭の中から出すことが重要です。そうすることによって、イメージが視覚的に見えるようになり、他のメンバーがアイデアや改善案を出すなどのフィードバックが可能となります。

また、アイデアシートに書き出すことで思い付いたアイデアを保管できるため、いつでも引き出して活用・共有することが可能になるというメリットもあります。

アイデアの発想段階や、アイデアを整理する段階など、いろいろな場面で活用できる便利なシートです。デスクやワークスペースに置いておき、いつでも使えるようにしておきましょう。

使い方

1 [スケッチする]：テーマに対して、頭の中にあるアイデアを紙に描くことでイメージを具体化します。ここではあまり細部を考えず、絵やイラスト、写真など、まずは「こんな感じのイメージ」というレベルで出力して構いません。

2 [言語化して整理する]：1のイメージをもう少し具体的に考えます。そのアイデアについての基本的な概要を、言葉で説明できるように整えていく作業です。左の例では「概要」を文章で書き出し、さらに細かい情報を5W1Hに従って考えています。

3 [他者からのフィードバックをもらって磨く]：完成したシートを自分以外の人に見てもらい、フィードバックをもらいます。「もっとこうした方がよい」「もう少し実現性を重視した方がよい」など、フィードバックの内容にもとづいてアイデアを改善します。

補足 目的に合わせたスタイルで

1人で黙々と、アイデアのメモのように書き出す使い方のほか、複数のメンバーでアイデアシートを作成するという方法もあります。A4の用紙に印刷したり、ホワイトボードに直接書き込むなど、目的や状況に適したスタイルで活用します。

思考が加速する問い

Q. まず自分自身がこのアイデアに魅力を感じているか？

Q. アイデアを特徴付ける要素は何？

Q. アイデアに名前を付けるなら？

Q. 人に説明するつもりで言葉にしてみると？

CHECK POINT

- ☐ 描いたスケッチによってシーンに現実味が生まれている
- ☐ アイデアの5W1Hが整理でき、アイデアの解像度が上がっている
- ☐ 他者からのフィードバックが欲しいポイントを明確にできている

28 ストーリーボード

4コマストーリーでアイデアを具体化する

基本情報

理想的な顧客体験のプロセスを時系列で整理し、ストーリーを描くフレームワークを「ストーリーボード」と呼びます。ぼんやりしているアイデアを具体的に可視化したり、曖昧な提供価値を明確化できます。上の例のような4コマで表現したり、付箋に1シーンを書いてホワイトボードに連ねる形で作成します。例では「問題のある現状」「問題解決のプロセス」「問題が解決した様子」の3つの内容を4マスに分けて描いています。

アイデアの可視化、共有、改善といった、アイデアシート（参照→27）と同様のメリットがあるほか、ストーリーによって顧客の変化に関するイメージを共有できるという特長があります。また、顧客目線に立つことでアイデアのズレを修正できるところも、大きなメリットです。

使い方

❶ [問題を書き出す]：ストーリーボードでは、問題を抱えている人物がそれを解決していくサクセスストーリーを描きます。最初のコマには問題を抱えている現状を描きましょう。問題、課題、ニーズ、悩みなどを表現してください。❶～❸までは、ひとまず下書き程度で構いません。気になる要素はメモ程度でもよいので書き出しておきましょう。

❷ [問題が解決した様子を書き出す]：問題が解決した様子である「ゴール」を描きます。問題が解決するとどのような世界が広がっていくのかを考えましょう。

❸ [問題解決のプロセスを書き出す]：現状からゴールに到達するための「問題解決のプロセス」を2番目と3番目のマスに描きます。このようにコマが2つの場合は、重要な点を絞り込んで描く必要があります。

❹ [ストーリーボードを清書する]：4つのコマを描き終えたら、ストーリーの内容を整理して、新しい用紙に清書します。同時に、各コマのナレーションをテキストで付け加えて、情報を明確化しましょう。

思考が加速する問い

Q. 顧客が誰かは明確か？

Q. ストーリーの中でどんな変化を体験するか？

Q. ゴールは顧客のためになっているか？

Q. ストーリーが持つ新しさは何だろうか？

CHECK POINT

- ☐ アイデアに時間的な要素の変化を加えられている
- ☐ 矛盾や無理な飛躍のないストーリーが描けている
- ☐ 問題解決のプロセスにおける要点が伝わる

STEP 3

アイデアの評価と選択

実行に移すアイデアを選択する

ここからは、具体的に整理したアイデアの候補から、どのアイデアを実行に移すのかを考えるステップです。「何を選ぶのか？」という問いの答えを暗中模索するのは、ストレスのかかる仕事です。フレームワークを活用することで、意思決定までのプロセスを可視化しましょう。

よいアイデアとは何かを知る

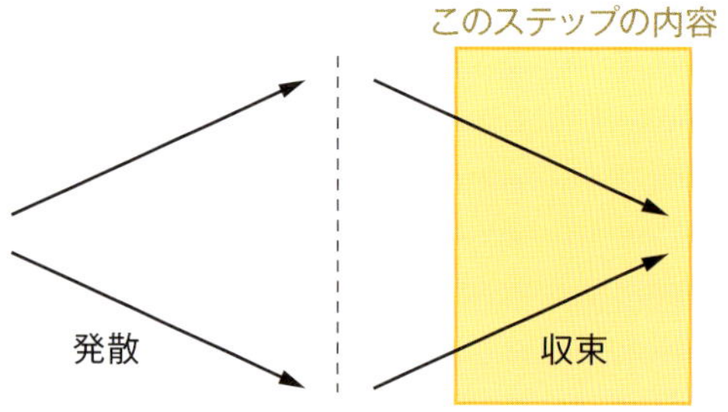

よいアイデアを選択するための第一歩は、まず「自社にとってよいアイデアとは何か」を知ることです。ある人にとって最良の選択でも、他の誰かにとっては違うかもしれないので、目的に応じた定義を共有する必要があります。また、3年前であれば正しかった意思決定も、今は問題があるかもしれません。

つまり、よいアイデアとは何かを知るためには、アイデアを評価するための指標を知ることが重要となります。例えば「実施効果」を指標として設定し、効果の高いアイデアをよいアイデアとする場合が考えられます。一方、「コスト」を指標として、コストの低いアイデアをよいアイデアとすると、見るべき要素が変わってきます。

このように、よいアイデアとは何かを判断するための指標を設定したうえで、評価と選択を行います。このステップでは「プロコン表」「SUCCESs」「ペイオフマトリクス」を紹介していますが、第1章で紹介した「意思決定マトリクス」もこのステップに応用できます。

また、条件や指標を設定することによって、判断材料を定量的に収集できるというメリットもあります。定量的な判断材料と定性的な判断材料の両方を揃えたうえで、意思決定しましょう（定量と定性については、第2章末のコラムを参照）。

クリティカルに考える

アイデアを評価したり選択したりする場合には、選択肢を多面的に見ることがポイントです。物事は1つの側面から見た状態と、別の側面から見た状態では異なるものです。悪いと思ったアイデアも「本当に（100%）悪いのか？」と問うことで、見えていなかったメリットに気付くことがあります。

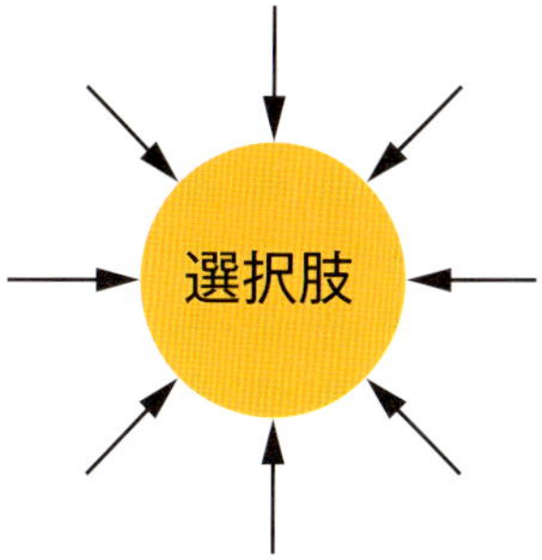

選択肢を多面的にとらえる

本当にそうなのか、別の視点から見るとどうか、と物事を批判的に考える方法を「クリティカルシンキング」と呼びます。アイデアの評価を行う際は、選択肢に対して批判的に問いかけてみて、アイデアの持つ可能性を最大限に引き出した状態にしてから、評価や選択へと進んでいきましょう。

そして、批判的に考えるために重要なポイントが、評価する側の多様性です。より多様な専門知識や経験を持つメンバーが集まった方が、1人で評価を行う場合よりも正確に評価できます。目的を達成するためには、どのような人を巻き込んで意思決定する必要があるのか、あるいは考えを聞いてみる必要がある人は誰なのかを検討しましょう。

なお、物事を多面的にとらえるために最も取り入れやすいのは、最初に紹介しているプロコン表です。これは選択肢に対するメリットとデメリットの両側面を考えるもので、シンプルかつ効果の高い手法といえます。

選ばれなかったアイデアはストックしておく

この過程で選択されなかったアイデアが残りますが、それらは必ずしも内容が悪いわけではありません。今回の目的・目標に対する条件に合っていないだけかもしれませんし、今はまだタイミング的に早いだけかもしれません。選択されなかったからといってアイデアを捨ててしまうのではなく、ストックしておきましょう。別の機会にそのアイデアを活用できる可能性があるだけでなく、アイデアのストック量は発想力を高める1つのポイントになります。

29 プロコン表

選択肢のよい面・悪い面に目を向けて意思決定を行う

選択肢（アイデアや考え、意見など）

❶ 外注している社員研修を内製化する

❷

賛成意見（またはメリット）	重要度	反対意見（またはデメリット）	重要度
小回りの利く調整ができる	3	研修プログラム設計のノウハウを学ぶ必要がある	3
会社全体で育成していこうという文化ができる	3	他社の事例やノウハウが入ってこなくなる	4
現場のリアルな技術まで教育できる	5	人材の評価に対する客観性が下がる	4
中長期的に金銭的コストを下げることができる	5	研修講師の養成やテキスト作成の負担がある	2
マニュアルの改善と連動させることができる	4	研修プログラムの品質が担保できない	5
社内コミュニケーションの活性化につながる	2	初期コストが大きい	4
社内の人的資源をさらに有効活用できる	2		

基本情報

「プロコン表」とは、ある選択肢に対して「プロス（Pros）＝賛成意見」と「コンス（Cons）＝反対意見」の情報を整理・比較し、意思決定の参考になるものを収集するフレームワークです。「プロコンリスト」と呼ばれることもあります。

プロスは選択肢に対しての賛成意見であり、メリットとも言い換えられます。逆にコンスは反対意見であり、デメリットです。プロコン表では、これらの情報を網羅的に書き出したうえで、単一または複数の選択肢を採用するか否か、その意思決定のための情報を明確化できます。

前提や立ち位置に左右されず、中立的にプロス・コンスを書き出すことや、プロス・コンスそれぞれの最大値（最もよい点と最も悪い点）を把握することがポイントです。

使い方

1 [選択肢を設定する]：実施を検討する選択肢を記入します。左の例のように「社員研修の内製化」を選択肢として設定した場合、プロスは内製化に対する賛成意見、コンスは反対意見を書き出すことになります。

2 [要素を書き出す]：選択肢に対するプロス・コンスを書き出します。このとき、各要素に対して「重要度」の評価を行います。各要素が自社にとってどれくらい重要かを考え、1～5点などの数値で評価するのがオススメです。そうすることで、最もよい点と悪い点がわかります。その両極を把握することが、有効な意思決定につながるのです。

3 [選択する]：書き出したプロス・コンスの各要素と重要度を比較し、選択肢を採用するか否か判断します。複数の選択肢を比較したい場合は、右図のように選択肢を並べてプロス・コンスを書き出し、比較します。

	賛成意見（またはメリット）	重要度	反対意見（またはデメリット）	重要度
選択肢①				
選択肢②				

思考が加速する問い

Q. 自分たちにとって、よいアイデアとは何？

Q. コンスを打ち消す方法はないか？

Q. プロスに隠れているリスクはないか？

Q. 単純にプロスとコンスに分類できない要素はあるか？

CHECK POINT

- [ ] 賛成側・反対側に立つ人それぞれに意見を聞くことができている
- [ ] プロス・コンスを漏れなく書き出し、それぞれ最も重要度の高い要素を把握できている
- [ ] 各要素がプロス・コンスに分類されている理由をメンバー間で共有できている

30 SUCCESs

6つの切り口でアイデアを磨き上げる

	❶ 評価	❷ 改善の方向性
単純 Simple	○	
意外性 Unexpected	△	既存のアイデアと差別化できてはいるが、意外性に乏しい。新たな切り口での意味付けができないか、そもそもの課題設定の質を高めることができないかを検討する。
具体的 Concrete	○	
信頼性 Credible	△	データは集めることができているが、情報がやや古い。最新のデータを取得する方法を考える。
感情 Emotional	×	どのような問題を解決するかという機能面は考えられているが、ユーザーの心理的要素を考えられていない。何名かに実際にインタビューする必要がある。
物語 Story	△	サービスの利用ステップは考えられているが、ユーザーイメージが乏しいので物語性がない。また、長期的な展望もやや不足しているため、あわせて考える。

基本情報

他者への理解と共感を生み出す「よいアイデア」には一定の共通項があり、それをまとめたものが「SUCCESs」です。「単純（Simple)」「意外性（Unexpected)」「具体的（Concrete)」「信頼性（Credible)」「感情（Emotional)」「物語（Story)」という6つの切り口で、アイデアについての評価や改善を行います。自己評価に加え、他社からの視点を取り入れ、客観的に評価することが重要です。

評価・改善以外にも、アイデア発想の段階や、プレゼンテーションをする段階でもSUCCESsは活用できます。考えたアイデアをSUCCESsに従ってチェックしてみて、欠けている部分があれば補いましょう。また、日頃からSUCCESsの切り口で世の中の情報や企画を見ておくことで、発想力向上につながります。

使い方

準備 **[アイデアの概要を整理する]**：評価の対象となるアイデアの概要を整理しておきます。

1 **[評価を行う]**：SUCCESsの各項目に沿って、アイデアを評価します。○や△といった記号や、1～5といった点数を用いて可視化します。

単純（S）	アイデアはシンプルで、第三者にも理解できるか？ キーワードは明確か？
意外性（U）	一般的な考え方からすると意外性があるか？ 新たな切り口があるか？
具体的（C）	細部まで考えられているか？ 定量的・定性的に説明することができるか？
信頼性（C）	信頼性を担保するような事例、データ、根拠などはあるか？
感情（E）	葛藤や苦悩、喜びの源泉をとらえ、感情に訴えかける要素はあるか？
物語（S）	心をつかむストーリーはあるか？ 時系列やプロセスなど流れに関する情報はあるか？

2 **[改善ポイントを整理する]**：評価の内容を見て、アイデアをさらによくするために考えるべきこと、やるべきこと、調査すべきことを整理していきます。左の例では、△と×が付いた要素に対して重点的に対話を行い、今後やるべきことを書き出しています。

思考が加速する問い

Q. 現状のアイデアに対する自分の満足度はどのくらい？

Q. 共感を得られるアイデアとそうでないものの違いは？

Q. アイデアを小学生にも説明できる？

Q. どうすれば信頼性を得られるか？

CHECK POINT

- [ ] 初期のアイデアの概要や魅力を、簡潔にまとめて説明できる
- [ ] 改善すべきポイントが明確になり、次のアクションが決められている
- [ ] 改善したアイデアについて、他者を惹きつけるプレゼンテーションができる

31 ペイオフマトリクス

アイデアのマッピングを行い、効率のよい選択肢を見いだす

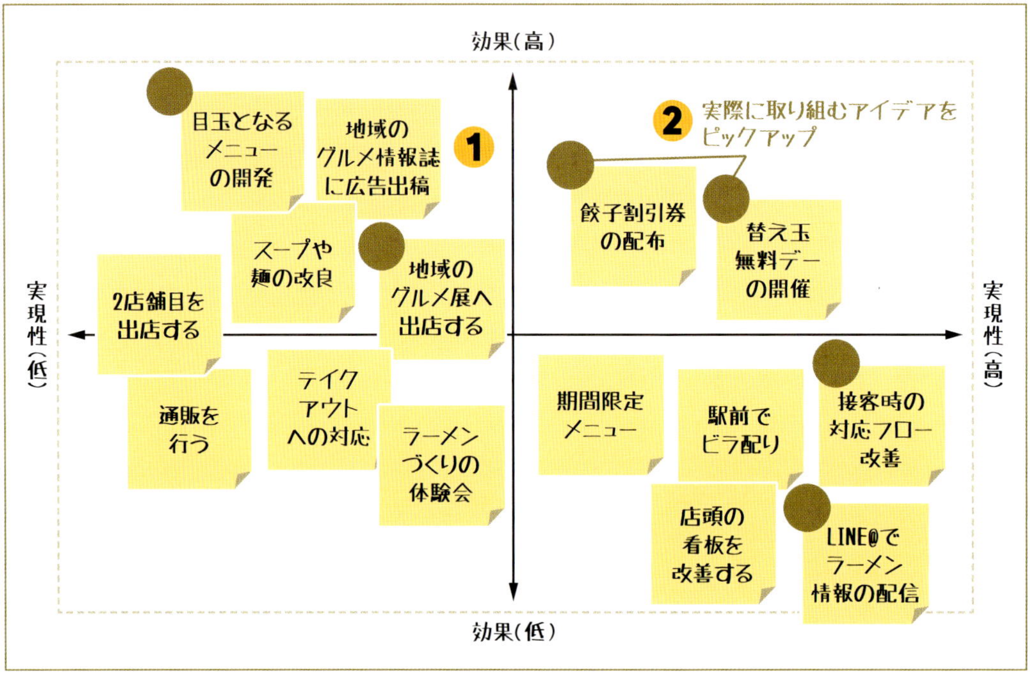

基本情報

「ペイオフマトリクス」とは、「効果」と「実現性」の2つの軸で構成されるマトリクスを用いて、効率的にアイデアを選択するためのフレームワークです。選択肢が多数存在するときに、選択肢の絞り込みと優先順位決めを助けてくれます。効果の軸では、得られる収益や成果などを指標として「効果の高さ」を考えます。実現性の軸では、コストや難易度を指標として「実現しやすさ」(高いほど容易)を考えます。

ここでは、「効果」「実現性」という軸を設定していますが、「効果」「費用」の軸を設定するのも有効な方法です。また、4マスが一般的ですが、右図のように9マスに細分化して考える方法もあります。

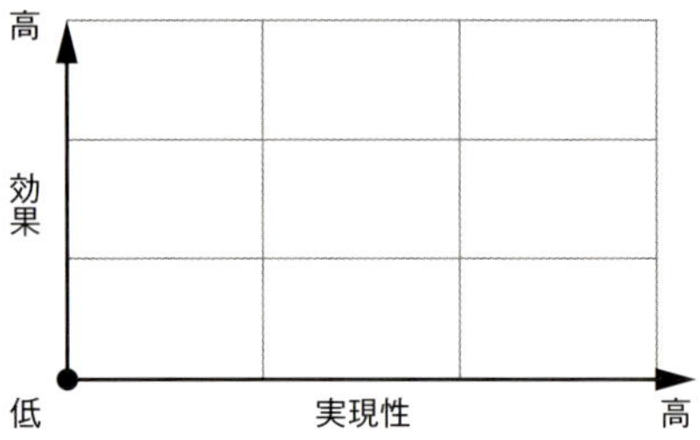

使い方

準備 **[アイデアを書き出しておく]**：選択肢となるアイデアを用意します。この段階では「効果」や「実現性」は気にせず、自由に考えます。この段階でそれらについて考えてしまうと制限がかかってしまうため、注意してください。

1 **[選択肢を配置する]**：アイデアが準備できたら、マトリクスを用意してそれぞれのアイデアを配置していきます。4つの象限に分類しながら、メンバー間で効果の高い・低い、実現性の高い・低いといった基準や、認識のズレをすり合わせましょう。

2 **[評価・選択する]**：アイデアが配置できたら、選択肢の全体像を見ながら評価・選択を行います。効果も実現性も高いものから実行するのが一般的です。次に優先するのは、効果は低いが実現性が高いものです。このようなものは早く実行して、効果は高いけれど実現性の低いものに資源を注ぐ体制を整えます。効果も実現性も低いものは、資源の浪費になる可能性が高いため、後回しにするか、効果や実現性を高める工夫をします。

思考が加速する問い

Q. 実現性が低いアイデアを工夫できるか？

Q. どのアイデアから実行したい？

Q. 組み合わせるとシナジーを発揮するものはないか？

Q. 投下できる資源の上限は？

CHECK POINT

- ☐ 十分な量と質のアイデアが準備できている（不十分な場合はSTEP 1～STEP 2へ）
- ☐ 効果と実現性を検討するための指標が定義・共有できている
- ☐ 掘り下げて考えたいアイデアの大枠の優先度が決まっている

コラム アイデア発想や評価の場面では「バイアス」に気を付けよう

バイアスとは「偏り」「偏見」「先入観」という意味を持つ言葉です。ある対象について思考したり評価したりする際、自身の利益や希望、前提条件によって内容が歪められてしまうことを意味します。例えば、上司の過去の成功体験によって評価が左右されてしまったり、多数派の意見が正しいように思えてしまうことがありますが、これがバイアスの影響です。企画立案の現場では、バイアスを取り除き、柔軟なアイデアを作り出すこと、公平な目線でアイデアを評価することが重要です。

問いを用いてバイアスをチェックする

とはいえ、何事も一生懸命考えていれば、無意識に思考が偏ってしまうもの。ここでは、バイアスを取り払うために質問形式のチェックリストを用意してみました。アイデア発想や評価を行う際、意識してみてください。

- ☑ 自分の仮説や信念にあった情報ばかりを集めてしまっていないか?
- ☑ ごく少数の情報や珍しい事例を全体として考えてしまっていないか?
- ☑ 自分に都合のよい（メリットのある）情報ばかりに目が向いていないか?
- ☑ 取り出しやすい情報を優先して判断してしまっていないか?
- ☑ すでに発生した物事に、むりやり意味付けをしてしまっていないか?
- ☑ 多数派の意見が過大評価されてしまっていないか?
- ☑ 偶然の出来事に勝手な法則性を見いだしたり、信頼してしまったりしていないか?
- ☑ 初めに目にした数字や事例に思考が引っ張られていないか?
- ☑ 何度も見たり聞いたりしているものを無意識に過大評価していないか?
- ☑ 重要な問題が起きているにもかかわらず、その問題を過小評価してしまっていないか?

今回はアイデア発想の場面でのバイアスについて取り上げましたが、分析や振り返りなど、すべての場面で頭に置いておきたいですね。

第4章

戦略を立案する

STEP 1

戦略の方向性を考える

目的を達成するためのシナリオを考える

第4章では、問題を解決するために考えたアイデアを、実践可能な状態へと具現化していくための考え方を紹介します。なお、本章はフレームワークの紹介に加え、プランニング（企画立案）方法の解説を交えながら進めていきます。「ここまでの内容を1つの企画にまとめるんだ」という意気込みでトライしてみてください。

戦略を考える

戦略とは、問題解決を行うための、大局的に見た総合的な準備・計画・運用の方策のことです。「目的を達成するためのシナリオ」と定義されることもあります。

ここで、戦略を考える前後の流れを押さえておきましょう。まず組織には、「何のために組織が存在するのか」という最も高いレベルの目的が存在します。これを経営目的や理念と呼びます。その次に、「組織として何を達成したいのか」という経営目標が存在します。そして、経営目的や経営目標を実現するために、全体戦略を考えます。

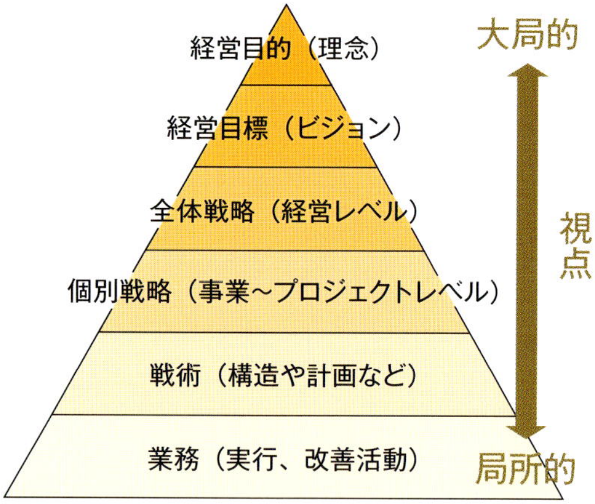

全体戦略とは、組織全体に関わるような経営レベルでの戦略です。全体戦略の下には個別戦略があります。個別戦略は、事業単位、プロジェクト単位、部門単位での戦略のことです。全体戦略と個別戦略の区分けは、組織の規模によって変わってきます。押さえておきたいのは、組織全体に関する戦略と個別の戦略、2つの視点を持つことが大切であるということです。戦略が決まれば、その戦略を実現するための具体的な方法論として戦術を考え、それを実行する業務にまで落とし込んでいきます。

どのように競争優位性を見いだすか

戦略の方向性を考えていくうえで、競争優位性をいかにして見いだしていくかが重要です。競争優位性という言葉は、これまでにも幾度か登場してきました。改めてその意味を確認しておくと、「競争優位性がある」とは「他社が真似できない経営資源を持っていて、その資源を活かすことができる状態にある」ということです。競争優位性を作ることができるよう、「どのような市場に」「どのような商品・サービスを」「どのような方法で提供するのか」といった戦略の方向性を考えていきます。

例えば、マイケル・ポーターの「3つの基本戦略」という手法があります（右図）。これは、狙っていく市場の範囲と、戦略の有利性のマトリクスを用いて、自社がとっていく戦略の方向性を考える手法の1つです。

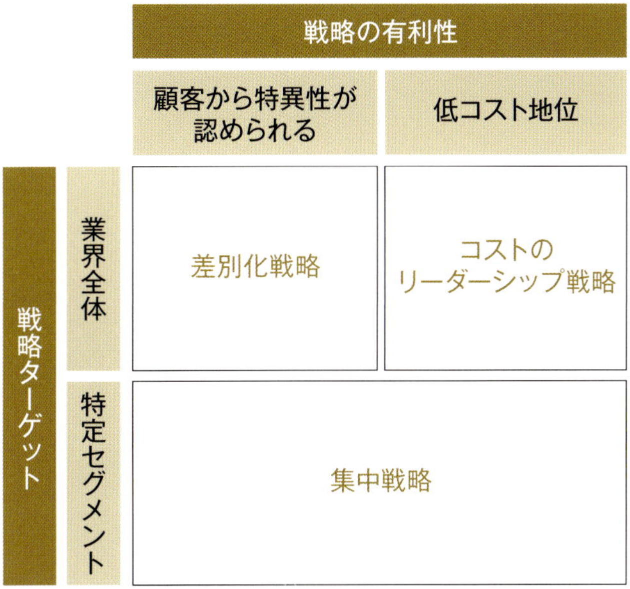

出典：『競争の戦略』（マイケル・ポーター著／土岐坤、服部照夫、中辻萬治訳／ダイヤモンド社）をもとに作成

この手法では、業界全体をターゲットとしてコストの低さで勝負する「コストのリーダーシップ戦略」、他社には真似できない特異性（独自性）で勝負する「差別化戦略」、ターゲットを特定のセグメントに絞って資源を投下する「集中戦略」の3つの方向性を考え、戦略を練ります。

このように、このステップでは、どういった戦略の方向性があるのかを把握し、どの方向に展開していくのかを検討するためのフレームワークを紹介していきます。

次のページからは、「プロダクト・ポートフォリオ・マネジメント」に始まり、「ポジショニングマップ」に至るまで、全体戦略・個別戦略の両方をカバーできるフレームワークをピックアップしています。ここで紹介しているもの以外にも、これまでの章に登場した意思決定のフレームワークをあわせて活用し、戦略の方向性を検討していきましょう。

32 プロダクト・ポートフォリオ・マネジメント

自社事業の全体像を俯瞰し、戦略を考える

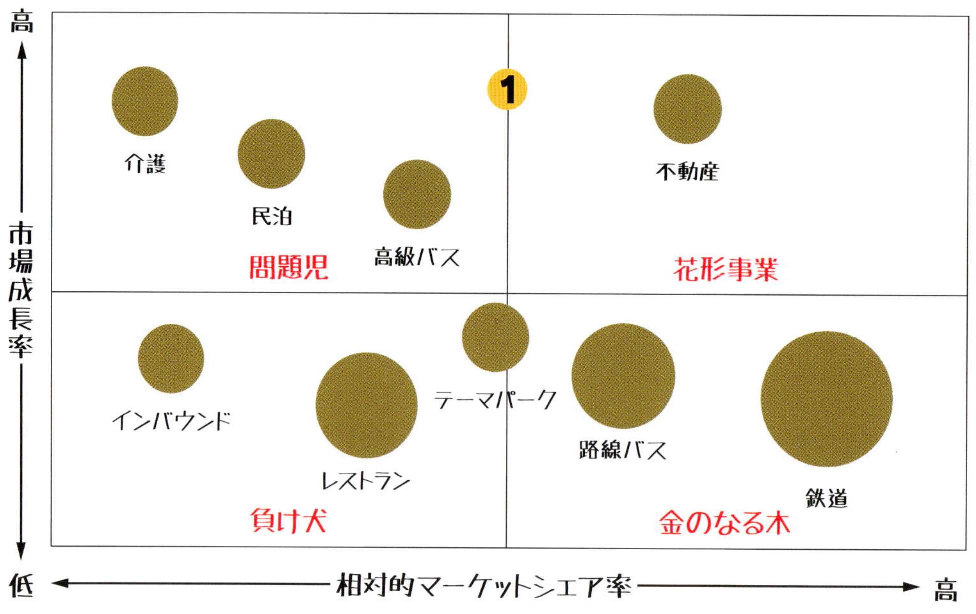

基本情報

「プロダクト・ポートフォリオ・マネジメント（PPM）」とは、「市場成長率」と「相対的マーケットシェア率」を軸としたマトリクスを使って、自社の保有する事業の分析と戦略設計を行うためのフレームワークです。4つの象限は、それぞれ「花形事業」「問題児」「金のなる木」「負け犬」と呼ばれ、保有する事業の規模を円の大きさで表現します。

プロダクト・ポートフォリオ・マネジメントには「市場成長率の高い事業ほど、業界の変化や競合他社の動きが活発なため、資源が必要となる」「相対的マーケットシェア率が高い事業ほど利益を上げやすい」という前提があります。各事業は収益獲得が目的なのか、未来を開拓するための投資目的なのかを明確にし、戦略的な資源の投下先を検討しましょう。

使い方

1 **[保有する事業を書き出す]**：マトリクス上に自社の保有する事業を書き出します。このとき、事業の売上規模を円の大きさで表現します。付箋などを使って書き出す場合は、マークを書き込んだり、色を変えるなどして、一目で規模の違いがわかるようにしましょう。

2 **[今後の方針を考える]**：それぞれの事業に関して、今後どのような戦略をとっていくかという方針を考えます。ポイントは「金のなる木」の象限にある事業から生まれる収益を「問題児」の事業に注ぎ、シェア率を上げ、「花形事業」に育てることです。

補足 「問題児→花形事業→金のなる木」の流れを意識する

「問題児」を「花形事業」に移行できれば、収益性が高まり、企業の利益につながります。そして、「花形事業」は、市場の成長が止まるのに伴い「金のなる木」へと移行していくという流れになります。戦略を設計する場合は、この流れを意識することに加え、多少リスクを取ってでも「問題児」の事業に資源を注ぐことと、そのための体制づくりをいかに行っていくかを考えることが大切です。

思考が加速する問い

- Q. 現在、積極的に資源を投下している事業はどれか？
- Q. 事業全体で考えるとどうか？
- Q. 事業の中の一部で考えるとどうか？
- Q. 育てられそうな「問題児」事業はあるか？

CHECK POINT

- [ ] 各市場が伸びているのか縮小しているのかを把握できている
- [ ] 自社事業の全体像を把握できている
- [ ] 今後、どの事業に資源を優先的に集中させていくべきかという方向性が見えている

第4章／戦略を立案する

33 アンゾフの成長マトリクス

自社事業の成長戦略を考える

		製品	
		既存	新規
市場	既存	・セット割引やリピート割引を実施 ・オウンドメディアで販促ノウハウを配信し、活用を促進 ❶	・VRやAR技術を取り入れた新しい商品の開発と提案 ・販促業務の代行メニューを提案 ❷
	新規	・小売以外の業種(飲食や旅館業)に営業先を拡大 ・小さな企業や個人事業主向けにも提案 ❸	・マーケティングコンサル事業を展開 ・アパレル事業に参入する ・コワーキングスペース事業を展開 ❹

基本情報

「アンゾフの成長マトリクス」とは、市場（顧客）と製品について、それぞれ既存と新規の象限に分類し、自社事業を成長させていくための戦略を考えるフレームワークです。方向性を大きく4つに分類し、事業拡大の戦略を探ります。

最もビジネスを展開しやすいのが既存製品×既存市場の「市場浸透」、最も展開の難易度が高いのが新製品×新市場の「多角化」です。難易度の高い戦略では、外部との提携や外注、M&Aなども視野に入れます。「使い方」の項では、難易度の順番で説明しています（❶が一番やさしく、❹が最も難しい）。

		製品	
		既存	新規
市場	既存	市場浸透 既存製品×既存市場	新製品開発 新製品×既存市場
	新規	新市場開拓 既存製品×新市場	多角化 新製品×新市場

使い方

1 **[市場浸透の戦略を考える]**：既存市場のマーケットシェア率を高める戦略を考えます。顧客1人あたりの購買数（額）を上げたり、購買頻度（リピート率）を高められないか検討しましょう。例：セット販売やキャンペーン開催、アフターフォローの実施など。

2 **[新製品開発の戦略を考える]**：既存の顧客に対して新製品を提供する戦略を考えます。例：既存商品の関連商品や付属商品、バージョンアップ商品、機能追加商品の販売など。

3 **[新市場開拓の戦略を考える]**：新しいエリアやターゲットなど、これまでアプローチしてこなかった市場の開拓を目指します。例：特定エリアから全国へ、日本から海外へ、女性向け商品を男性へ、若者向け商品をシニアへ広げるなど。

4 **[多角化の戦略を考える]**：新製品を新しい市場に対して展開していく戦略を考えます。多角化はさらに、A.同じ分野で事業を拡大する「水平型多角化」、B.バリューチェーンの上流または下流へと事業を拡大する「垂直型多角化」、C.既存の製品と近い製品を考えることで新分野へと展開する「集中型多角化」、D.まったく新しい製品を、新しい分野へと展開していく「集成型多角化」の4つに細分化して考えることができます。

思考が加速する問い

Q. 自社にとって②と③のどっちが展開しやすい？

Q. 新市場を開拓する具体的な方法は？

Q. 商品やサービスの価値を書き出してみると？

Q. 異業種の成功事例を参考にできないか？

CHECK POINT

- [ ] 4つの方向性で展開するアイデアを書き出せている
- [ ] 費用対効果がある程度つかめている（ペイオフマトリクス（参照→31）も活用）
- [ ] それぞれの方向性の魅力とリスクが把握できている

34 クロスSWOT

SWOT分析を活用して自社の強みを活かす戦略を考える

		強み:Strength	弱み:Weakness
		1. 地元の新鮮な素材を使用 2. 和食がメインだがイタリアンやフレンチにも対応可 3. 築1年で外観・内観ともにきれい 4. 駐車場が広い 5. クチコミによる紹介が多い	1. オープンして1年未満で、認知度が低い 2. 再来店を促す取り組みや仕組みがない 3. 回転率が低い 4. 駅から遠い 5. グループ企業と連携できていない
機会:Opportunity	1. 店舗近辺は住宅街ではなく商業地 2. 周囲には大学や結婚式場も多い 3. 婚活や恋活イベントが多い 4. 和食がブーム 5. 地味婚が主流になりそう	1. 地元の食材を使用した創作和食と和洋各種の飲み物を揃えて、楽しいひとときを提供 2. 一見様向けに地元の情報誌、クーポン誌などで告知を継続する 3. 催事で同伴促進や新規顧客獲得を狙う	1. 自社の顧客データベースと関連企業のお客様に向けた販促で増販増客を図る 2. 継続性のある催事で認知度を上げる
脅威:Threat	1. 結婚式場と連携する2次会が増えている 2. 接待文化が下火 3. 外食から内食へ移行している 4. 低料金のお店が増えている 5. コスト重視のお客様はチェーン店に流れている	1. 昼→夜客へ循環する仕組みを作る 2. 団体利用から個別利用促進への取り組み 3. 店舗接客時のコミュニケーション量を増やす	1. 30代から50代の主婦層に向けた新商品を作る 2. グループ企業と連携して資源を有効活用する 3. 記念ハガキなどの顧客戦略を徹底する 4. ブライダルシーズンの需要取り込みを強化

基本情報

「好影響⇄悪影響」と「内部環境⇄外部環境」の軸でマトリクスを構成し、「強み」「弱み」「機会」「脅威」の4つについて分析するフレームワークがSWOT分析（参照→12）でした。SWOT分析で分析した「強み」「弱み」「機会」「脅威」の4つを軸として新たなマトリクスを構成し、戦略の方向性を検討する手法が「クロスSWOT」です。

SWOT分析で書き出した要素は、それ単体ではまだ点の情報に過ぎません。クロスSWOTを活用し、戦略を練るために考えるべき内容を検討しましょう。SWOT分析で十分に情報を整理したうえで、利用してください。

	強み:Strength	弱み:Weakness
機会:Opportunity	［戦略1］ 機会(チャンス)を活かして強みで勝負する	［戦略3］ 弱みを克服して機会(チャンス)を活かす
脅威:Threat	［戦略2］ 自社の強みを活かして脅威(ピンチ)を克服する	［戦略4］ 弱みを克服して脅威(ピンチ)に打ち勝つ

使い方

1 **[使用する要素を記入する]**：SWOT分析で書き出した要素を、クロスSWOTのフレームの中に記入します。要素が多すぎる場合は重要なものを抽出します。

2 **[各戦略を考える]**：象限ごとに戦略（もしくは対策）を考えます。例えば、[戦略1]では、機会と強みを最大限に発揮できるポジショニングを考えます。[戦略4]では、弱みと脅威の組み合わせによって、最悪の事態を引き起こしてしまわないよう、リスク管理や弱みを克服する施策が求められます。各象限の戦略を考えるとともに、いかにして強みを伸ばすか、また弱みを克服するのかを考えていくことが必要です。

補足 **最も重要なのは［戦略1］**

すべての戦略が重要ですが、特に着目したいのは、最も競争優位性を発揮できる［戦略1］です。［戦略1］の施策を成功させることで、その他の戦略にポジティブな波及効果を与え、相乗効果を生み出すことができるでしょう。クロスSWOTを活用する際は、まずこの象限に力点を置いて考えてください。

思考が加速する問い

- Q. 過去に成功した戦略、失敗した戦略での学びは？
- Q. 戦わずして勝つには？
- Q. 取り逃がしている機会はないか？
- Q. ポジショニングマップ（参照→36）を使って強みを見いだせないか？

CHECK POINT

- ☐ クロスSWOTで活用する要素について、SWOT分析で十分な量と質を確保できている
- ☐ 4つの戦略の方向性が書き出せている
- ☐ 自社と競合の差を把握できている

35 STP

誰に何を提供するのかについて考える

基本情報

「STP」では、「セグメンテーション（Segmentation）」「ターゲティング（Targeting）」「ポジショニング（Positioning）」の３つの要素からマーケティング戦略を考えます。セグメントとは同じ属性や特性、ニーズなどを持つ集団を表し、セグメンテーションとはその集団の分類を細分化することです。セグメンテーションで市場を細分化し、ターゲティングで狙う市場を決め、ポジショニングによって提供する価値を決める、というのがSTPの考え方です。

競争の激しい中で勝ち抜くための「市場の選択と集中」「競合との差別化」を考えるフレームワークともいえます。分析系フレームワークとあわせて活用し、自社が競争優位性を発揮できる市場を見つけていきましょう。

使い方

❶ **[セグメントを分割する]**：参入したい市場を細分化して考えます。細分化できたら、特徴がわかりやすくなるよう、それぞれに名前を付けるのがオススメです。

例 市場を細分化する切り口

地理的変数、人口動態変数、心理的変数、行動変数を基準にするとよいとされています。具体的には、地域、人口密度、性別、年齢、収入、趣味趣向、価値観、思考性、時間帯、行動パターン、購買状況など。

❷ **[ターゲットを選択する]**：分割したセグメントの中から、狙いたい市場を選定します。選定する際は、市場規模、市場の成長性、競合状況、優先順位、到達可能性、反応の測定可能性を指標としてセグメントを評価し、メインの市場を選択します。

❸ **[ポジションを考える]**：❷で選んだ市場に対して、自社はどのような商品・サービスを展開していくかを考えます。❶❷が「誰に」を決める作業であるのに対して、❸は「何を」を決める作業です。ポジショニングについては、次項で詳しく紹介します。

思考が加速する問い

Q. 現在のターゲットのセグメントや特性は？

Q. どんな軸でセグメントを分割する？

Q. どの程度の細かさでセグメントを分割する？

Q. 市場全体のサイズを拡張すると考えられる戦略はあるか？

CHECK POINT

- ☐ アプローチ可能な市場を設定できている
- ☐ 分割したセグメントそれぞれに異なる特徴がある
- ☐ 自社が強みを発揮できそうなセグメントを見つけることができている

36 ポジショニングマップ

自社が取りうるポジションを検討する

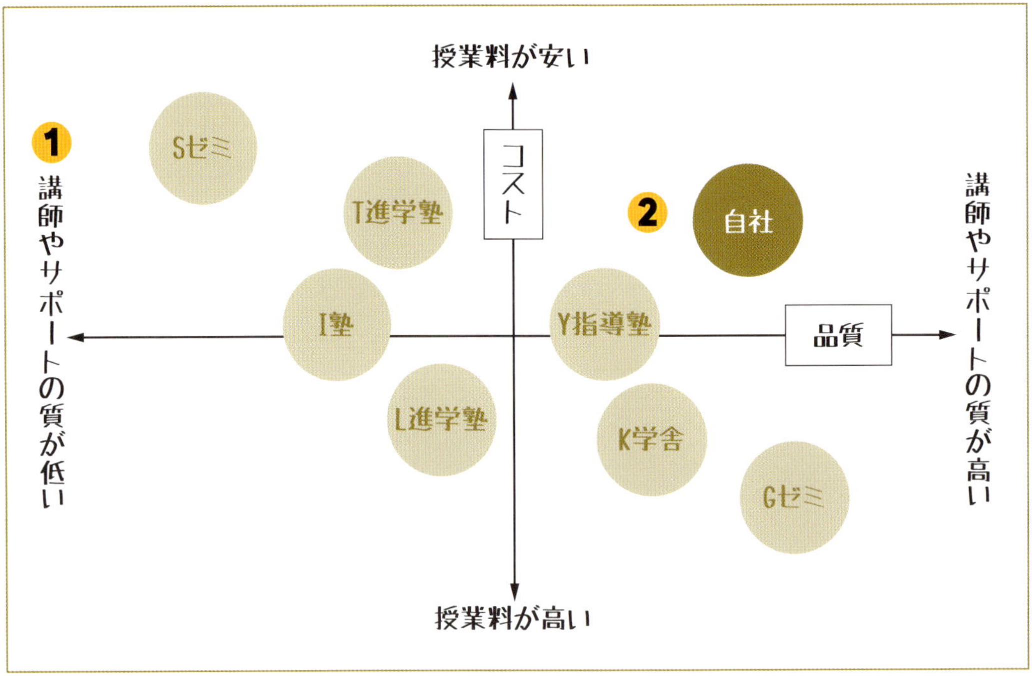

基本情報

市場における自社事業（または商品・サービス）の位置付けのことを「ポジション」と呼びます。そして、市場を分析し、差別化ができるようにポジションを決めるフレームワークが「ポジショニングマップ」です。情報のあふれる現代社会において、自社の商品・サービスを顧客に認知（選択）してもらうためには、競合との違いを認識してもらう必要があります。

ポジショニングマップでは、顧客が商品・サービスを認識する際に重視する要素を2つの軸に設定し、マトリクスを作成します。そのマトリクス上に競合各社の情報を書き出して整理し、全体の状況を可視化したうえで、自社が競争優位性を発揮できるポジションを検討します。

使い方

1 **[軸を設定する]**：縦軸と横軸を設定します。顧客が商品・サービスを認知（あるいは選択）する際に、思い浮かべることや重要視する要素を2つピックアップし、軸にしましょう。左の例では、学習塾事業における「コスト」と「品質」を軸にしています。「コスト」は授業料など、「品質」は講師や設備、サポートの充実度などが該当します。

2 **[競合と自社のポジションを検討する]**：各競合がどこに位置するのかを考え、配置していきます。競合のポジションを見ながら、自社が競争優位性を発揮できるポジションを探していきます。

補足 複数の軸のセットで考えよう

ポイントは、軸のセットを1つだけでなく、複数考えてみることです。例でいえば「コスト×品質」のほか、「人数（少⇄多）×レベル（難関校突破⇄授業の補完）」や「形式（オンライン⇄オフライン）×方針（詰め込み型⇄応用力重視）」などを考えてみるというイメージですね。形態分析法（参照→24）やバリューチェーン分析（参照→20）、PEST分析（参照→09）などを活用して軸の組み合わせを複数考え、試してみましょう。

思考が加速する問い

- Q. 現在、自社が取っているポジションは？
- Q. 伸びている市場はどこか？
- Q. 空いているポジションは、なぜ空いている？
- Q. 3年後や5年後を考えてみると？

CHECK POINT

- [ ] 軸の両端が対比的な関係になっている（高い⇄安い、長い⇄短いなど）
- [ ] 自社の競争優位性を見いだすことのできる軸の組み合わせが見つかっている
- [ ] 作成したマップをもとに戦略の糸口が見いだせる

STEP 2

どのように実現するかを考える

戦略を実現するための具体的な方法を探る

ここまで、戦略の方向性を検討し、誰にどのような価値を提供していくのかを整理しました。次に考えたいのは、その価値提供をどのように行っていくのかという、戦術や仕組みについてです。このステップでは、ビジネスモデルの設計を中心に、戦略を実現するための方法について考えていきます。

戦略を実現するための方法論を考える

目的を達成するための大局的な方策を「戦略」とした場合に、その戦略を実行するために局所的に考える方策が「戦術」です。具体的には、仕組みや構造、アクションプランを考えます。いわば、実際に企画を実行する場合の設計図やマップを作るような、そんなステップですね。この段階でフレームワークを使う前に押さえておきたいポイントは、物事を俯瞰すること、そして全体と部分を見ることです。

俯瞰するとは、高いところから見下ろして眺めるという意味です。ここでは、事業の構造を高いところから眺めて、全体像を把握するということになります。何かを真剣に考えれば考えるほど、思考の範囲が局所に集中しがちです。そんなときは一度引いて高い視座から状況を見つめ、全体としてどうあるべきかを考える能力が必要です。なお、これは戦略や戦術だけでなく、日々のあらゆる業務にいえることです。

さて、ではどのようにして俯瞰するのかというと、まず全体と部分、それぞれどのような構成要素があるのかを知ることから始めます。そして、それらがどのような役割を持っており、どのような関係性なのかを把握します。そのための手法として、「ビジネスモデル・キャンバス」や「スキーム図」のほか、次のステップで紹介している「KPIツリー」などを活用し、全体と部分、そしてその連動性を考えてみましょう。

ビジネスモデルを考える

ビジネスモデルという言葉についてはさまざまな定義がありますが、ここでは「顧客に対して継続的に価値を提供していくための仕組み」とします。

アイデアレベルの情報はまだ「点」でしかないため、そこに構造や仕組みを加えていくことで「線」や「面」となり、ビジネスモデルへと発展していきます。アイデアをビジネスモデルへと考えていく際に活用できる代表的な手法が「ビジネスモデル・キャンバス」です（下図。詳しくは次項）。

例えば、ユーザーの得意分野を活かせる「スキルシェアサービス」というアイデアを思い付いたレベルでは、まだまだビジネスとして成立させるために考えるべき要素が足りていません。サービスを成立させるためには、どのような資源が必要か、どういった活動を行う必要があるか、どのようなパートナーが必要か、資金面はどんな構造になるか。これらの情報を考えていくことで、実現可能な状態へと発展させていくことができます。

The Business Model Canvas
©Strategyzer（https://strategyzer.com）
Designed by Strategyzer AG

第三者へも伝えやすいスキーム図へ落とし込む

ヒト・モノ・カネの流れに関する情報をピックアップして、ビジネスモデルを図解化する「スキーム図」という手法についても後述しています。どのような人物が関わり、どのようなやりとりが行われるかを簡潔に整理することで、実際の行動をイメージしやすくするという役割があります。スキーム図は、商品やサービスを紹介するWebサイトやパンフレット、企画書や提案書などに用いられることも多く、第三者に自分たちの事業の概要を伝えたい場合に便利です。

37 ビジネスモデル・キャンバス

アイデアをビジネスモデルへと発展させる

KP キーパートナー
スキル習得支援サービス(資格習得や習い事など)
PR/ノウハウを持つ企業
1

KA 主要活動
プラットフォーム開発
マーケティング

KR 主なリソース
プラットフォーム
決済機能
CtoCスキル売買/ノウハウ

VP 価値提案
手数料0円のスキルシェアサービス
スキル保有者の価値発見とコンテンツ化(自身の経験の商品化と販売チャネルの提供)

CR 顧客との関係
商品・サービスの開発・販売パートナー、共創コミュニティ

CH チャネル
サービスサイト
モバイルアプリ
Webセミナー
自社メディア

CS 顧客セグメント
自分の経験やスキル、知識を活かして社会に参画したいと考えている人
少額でもよいので自身の経験が価値になれば嬉しいユーザー
生活費を稼ぎたいと考えているユーザー

CS コスト構造
プラットフォーム開発・管理
広告運用コスト

RS 収益の流れ
基本機能のみ利用可能な無料アカウント
ブランディングからPRまでをサポートする有料アカウント

基本情報

顧客に対して継続的に価値を提供していくための仕組みを「ビジネスモデル」と呼ぶとすると、「ビジネスモデル・キャンバス」はそれを理解するためのフレームワークです。互いに関連し合う9つの要素を整理することで、ビジネスモデルの原型を考えることができます。

具体的には、価値を提供する相手となる「顧客セグメント」、提供する価値である「価値提案」、価値を届ける方法や経路を表す「チャネル」、顧客とどのような関係を構築するのかを考える「顧客との関係」、収益を得る方法を表す「収益の流れ」、必要なコストを表す「コスト構造」、ビジネスモデルを機能させるために組織が行う「主要活動」、価値提供のために必要となる資源「主なリソース」、外部委託や調達先となる「キーパートナー」を考えます。

使い方

1 ［要素を書き出す］：9つの要素について、必要な情報をそれぞれ書き出します。9つの要素を考える順番は目的や状況によって異なるため、ここでは割愛しています。ただし、右図のように大きな分類としてとらえておくと、書き出しやすくなります。

2 ［足りない部分を補う］：1で書き出した内容を整理し、不足している部分を補います。改めて調査が必要な場合は、ペルソナ（参照→15）、4P＋誰に何を分析（参照→19）、バリューチェーン分析（参照→20）などを活用するとよいでしょう。

3 ［清書する］：最初に書き出した要素と2で改めて収集した情報をもとに、内容をアップデートしてビジネスモデル・キャンバスを完成させます。

思考が加速する問い

- Q. 考えたビジネスモデルは実現可能か？
- Q. 不足している資源をどのように補うか？
- Q. 競争優位性を高めるためにできる工夫は？
- Q. パートナーを作りやすくするために何ができる？

CHECK POINT

- ☐ アイデアとビジネスモデルの違いを理解できている
- ☐ 顧客が満足できる価値提案の内容が設計できている
- ☐ 持続可能な収益性がある

38 スキーム図

主要なヒト・モノ・カネの流れを可視化する

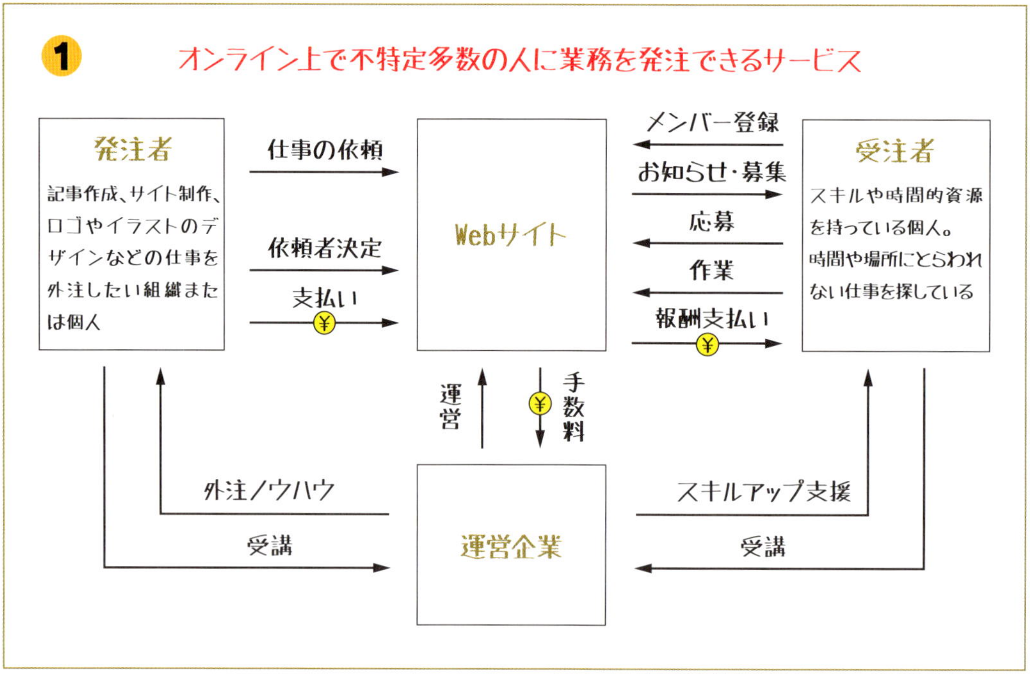

基本情報

スキームは、日本語にすると計画、仕組み、構造などの意味です。ここでは、組織が価値提供を行い収益を得るための、事業の仕組みや構造ととらえましょう。「スキーム図」は、そのスキームを図示し、第三者が見ても理解できるようにしたものです。

スキーム図で用いる情報は、主要なヒト・モノ・カネの関係性です。ヒトは個人だけでなく、組織も含みます。モノは物質的な要素に加えて、情報などの形のない要素も対象になります。

なお、関係性とはヒト・モノ・カネの3つの要素間において行われるやりとりのことです。関係性を考えるときは、ある要素と他の要素の従属関係も整理します。ビジネスモデル・キャンバス（参照→37）で描いた価値提供の仕組みや、ヒトの役割に注目して図解してみましょう。

使い方

準備 **[情報を整理しておく]**：スキーム図を作成する対象となる事業の仕組みについて、情報を正確に把握します。ビジネスモデル・キャンバスに登場する9つの要素を整理できているか確認しましょう。

1 **[情報を配置する]**：情報を整理できたら、ヒト・モノ・カネの関係性や流れを図解します。各要素をどのくらい細かく書くかについては、目的に応じて調整します。情報が多く、複雑になりすぎてしまう場合は、全体を作成した後、特定の部分を別途掘り下げて作成するとよいでしょう。

例 **書き方のルール**

ここでは、ヒトやモノをブロック、カネを¥マーク、関係性を矢印で表現しています。矢印の近くには、行われるやりとりを記入しています。中心に自社の事業を配置し、左右や上下に関係要素を配置するとわかりやすいでしょう。

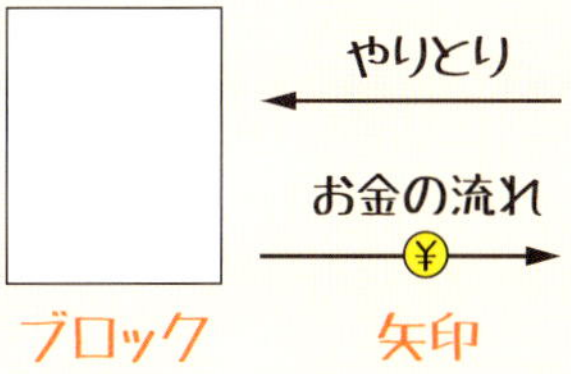

思考が加速する問い

Q. ヒト・モノ・カネの流れはどうなっている？

Q. さらに細かく書いてみると？

Q. あるといいなと思ったブロックややりとりは？

Q. 逆に、なくてもよいと感じる要素は？

CHECK POINT

- ☐ ヒト・モノ・カネの流れが循環している
- ☐ やりとりの方向（矢印）を正しく表記できている
- ☐ 第三者が一目で全体の関係性を理解できる

39 AIDMA

顧客の心理段階を意識して、コミュニケーション施策を考える

	認知段階	感情段階			行動段階
	認知 Attention	関心 Interest	欲求 Desire	記憶 Memory	購買(行動) Action
1 顧客の状態	社会人になってから周辺でロードバイクに乗っている人が増え、興味を持ち始めている。	近場の自転車販売店舗を探している。ネットで店舗やブランドを検索し、A社の店長ブログを発見。	初心者向けの教室を開催していることを知り、参加してみたいと考えている。	ちょくちょく読んでいたA社の店長ブログで、自転車教室の日程が近づいていることを思い出す。	自転車教室に参加し、ロードバイクの購入を決定する。
2 顧客のニーズ	基本的な知識や価格やスペックなどの相場が知りたい。	融通の利きそうな、個人経営の店舗が近所にあると嬉しい。	実際に体験できるのが楽しみ。1人で参加するのがやや不安。	トレンドやお買い得情報はチェックしておきたい。	イベントを楽しめるといいな。参加者特典が欲しい。気に入れば価格の相談もしたい。
3 コミュニケーション施策の内容	オススメ情報が載ったDMの送付。初心者向け自転車ブログの紹介。	大手メーカーではできない、比較情報を配信。無料相談会や問い合わせフォームを設置。	初心者向けの試乗イベントの告知。過去の参加者の声を紹介(1人参加の声も入れる)。	継続的なオススメ情報の配信。イベント開催の再告知。参加者特典の発表。	イベントの実施。参加者限定割引券の作成と配布。

基本情報

「AIDMA（アイドマ）」とは、消費者の購買プロセスを可視化するフレームワークの1つです。商品やサービスの認知から購買に至るまでのプロセスを、「Attention（認知）」「Interest（関心）」「Desire（欲求）」「Memory（記憶）」「Action（購買）」という5つの段階に分けて考えます。顧客目線に立って施策の設計ができるため、マーケティングや営業、広報など、幅広い分野の戦略設計や改善策の策定場面で活躍します。

このフレームワークをうまく活用すると、認知から購買までの各段階で、顧客の状況や、何に悩むのかを可視化でき、適切なコミュニケーション施策を設計できます。なお、カスタマージャーニーマップ（参照→17）も、このようなコミュニケーション施策の設計に使えます。

使い方

準備 **［ペルソナを設定しておく］**：状況を具体的にイメージするために、顧客像を設定します。第2章で紹介したペルソナ（参照→15）を活用するとよいでしょう。

1 **［顧客の状況を書き出す］**：認知から購買に至るまでの各段階で、顧客がどのような状況に置かれているのかを書き出します。どこにいてどんな情報に触れているのか、どのような行動を取っているのかを整理します。ゴールとなる「Action（購買）」の段階を明確にした後、他の段階を考えていくとわかりやすいでしょう。

2 **［顧客のニーズを書き出す］**：各段階で顧客が求めていることや、困っていること、課題として抱えていることを書き出します。

3 **［コミュニケーション施策を設計する］**：1 2で書き出した状況とニーズに対応するコミュニケーション施策を設計します。コミュニケーション施策とは、顧客との間で行うやりとりを意味します。広告やメール、看板やチラシ、接客時のトーク、空間づくりなど、幅広い選択肢の中から最適な方法や組み合わせを考えることがポイントです。

思考が加速する問い

- 自分だったらどんなことに喜びや不満を感じる？
- 顧客が次の段階に進む際、障壁となるものは？
- 顧客が感じる負の要素は何だろう？
- 顧客の潜在的なニーズを考えると？

CHECK POINT

- ☐ Actionとして促したい行動が明確になっている
- ☐ 各段階のニーズに合わせて、適切なコミュニケーション施策が設計できている
- ☐ 作り手目線だけでなく、顧客目線を改めて確認することができている

40 ガントチャート

作業計画を可視化する

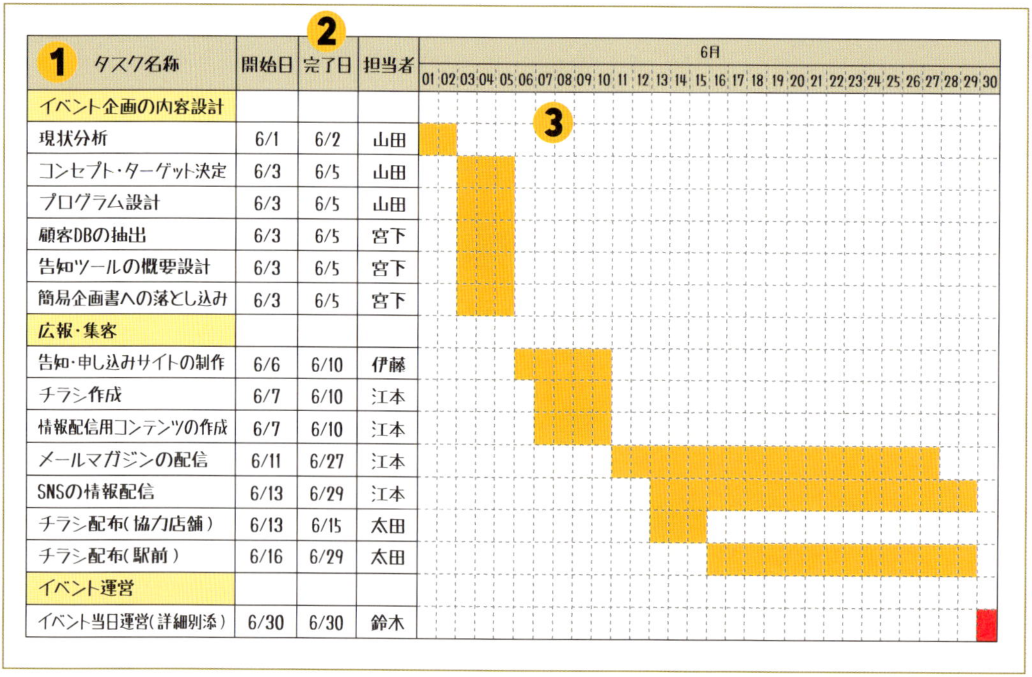

基本情報

「ガントチャート」とは、プロジェクト管理やタスク管理の場面で用いられる棒グラフ状のタスク一覧表です。作業計画および進捗状況を可視化・共有する手法として活用します。1人で作業を行う場合にも便利ですが、複数のメンバーが関わる際に、誰がいつまでに何を実施するのかという情報を明確化し、共有するという重要な役割を果たします。

第3章と第4章では、具体的な施策や目標を考えてきました。ガントチャートに実行する日付を入れることで、実現可能なプランへと磨き上げることができます。具体的な使い方としては、プロジェクトのゴールと締め切りを設定し、そこから逆算して、実行する必要のあるタスクの項目や期日、担当者などを整理します。また、タスクとタスクの関連性をさらに詳しく把握したい場合は、PERT図（参照→51）をあわせて活用します。

使い方

準備 **[タスクを洗い出す]**：プロジェクトや施策のゴールを設定し、そこに至るまでに必要となるタスク（作業）を洗い出します。

1 **[タスクを整理して記入する]**：タスクを同じ系統に分類し、実行する順に一覧化します。タスクの量が多い場合は、ロジックツリー（参照→05）やMECEの考え方を意識し、タスクツリーを一度作成してから、ガントチャートに落とし込む方法もオススメです。

2 **[タスクの基本情報を記入する]**：各タスクの基本情報を書き出します。左の例では、タスクの名称、開始日、完了日、担当者を基本情報にしています。このほか、期間（完了日から開始日までの日数）、進行状況、進捗率など、目的に応じて必要な項目を併記する場合もあります。

3 **[タイミングを記入する]**：それぞれのタスクをいつどのタイミングで実行するのかを棒グラフで書き込みます。今回の例では時間軸の単位を「日」にしていますが、「月」や「週」にすることも可能です。全体を見渡しやすい適切な尺度を考えて設定しましょう。

思考が加速する問い

Q. ゴールまでにどんなタスクが存在する？

Q. 普段から、業務全体の所要時間を把握できているか？

Q. 極端にタスクが集中している担当者はいないか？

Q. 何かが起きてもカバーできるような設計ができている？

CHECK POINT

- ☑ 必要なタスクをすべて書き出せている
- ☑ ガントチャートが共有可能な状態にある（最新の状態を共有するために、オンラインツールを活用するのもよい）

41 組織図

事業の実施体制を可視化する

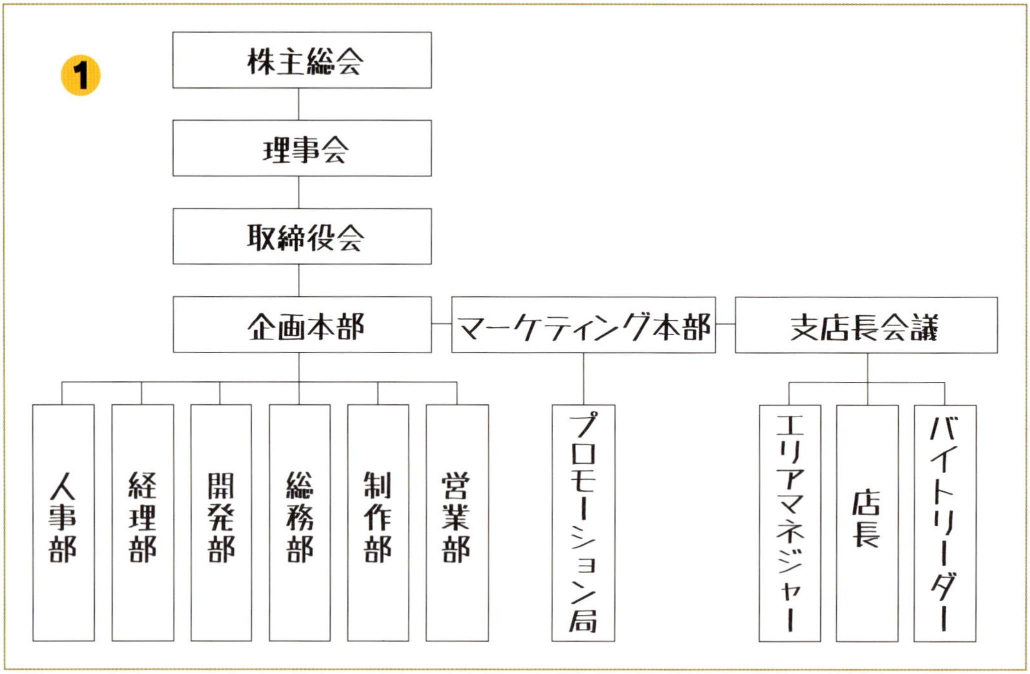

基本情報

「組織図」とは、事業を実施・運営していくうえでの部門や部署の編成、各役職の関係性を図解したものです。全体としてどのような機能があり、その中で各メンバーが何を担当しているかを把握するのに役立ちます。多くの場合、ツリー状で表現され、各部門の関係性のほか、責任の所在や、指示・報告の伝達経路も整理します。新たなプロジェクトを立ち上げる際にも便利でしょう。

また、組織図を活用するということは、組織のあり方を考えるということです。トップダウン型の組織体制、部門を横断して1つの目的を達成しようとするプロジェクト型の組織、フラット型組織など、目指す組織の形を考えることができます。

使い方

準備 **[構成要素を把握する]**：組織を構成する部門やメンバー、関係者などを書き出して整理します。会社全体の組織図なのか、1つのプロジェクトなのかなど、場合によって構成要素が変わります。状況に応じて範囲を決め、抜け漏れなく記載しましょう。

1 **[関係性を整理して図解する]**：構成要素の関係性を整理して図で表現します。組織図の表現方法は多数存在しています。左の例のほか、下記のイメージも参考にしながら作成してみてください。

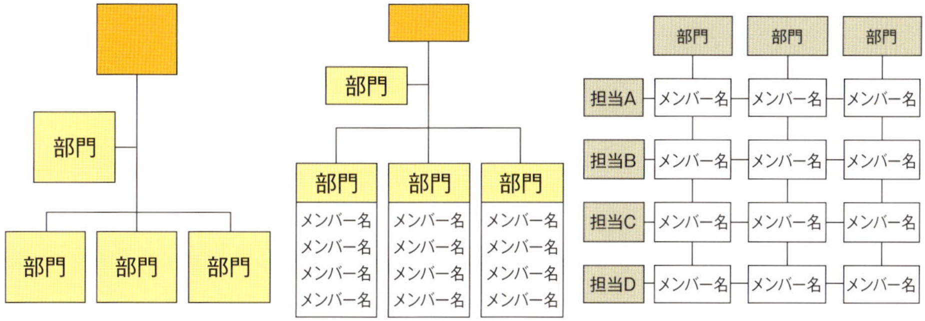

思考が加速する問い

Q. 自社はトップダウンかボトムアップか？

Q. どんな組織を目指したい？

Q. 不足している部門（機能）はあるか？

Q. 誰に向けて描く組織図か？

CHECK POINT

- ☐ 指示系統や報告経路が見てわかるようになっている
- ☐ 組織図を関係者に共有できている
- ☐ 将来的に組織構造をどのように強化していくかのイメージがある

STEP 3

目標を設定する

戦略・戦術に数字を入れる

このステップでは、目標の設定、およびそのための指標の設定について考えます。ここまで考えてきた内容に、具体的な数字を入れるステップといえます。いよいよアイデアの実現までラストスパートです。

目標を設定する意味

まず、そもそもなぜ目標を設定するのかについて考えておきましょう。当たり前に感じるかもしれませんが、目標を設定することによって、目指すべきゴールが具体的になります。それにより効果を計測でき、施策を改善できるようになります。

また、目標を掲げることによって、本来の目的や中長期的な視点を見失わないようにする意味もあります。目の前の仕事に追われていると、何を目指しているのかを忘れてしまいがちです。後述の「ロードマップ」を初期段階で作成・共有し、いつでも閲覧できる場所に置いておくとよいでしょう。

目標設定の２段階

目標設定は、目的・戦略・戦術の設計後、大きく2つの段階に分けて行います。まず「指標（何を測るか）」の設定、次に具体的な「目標数値」の設定をします。

「人材不足を解決する」という目的があり、「中途採用に力を入れる」という戦略を設定した場合を例にしましょう。戦術の1つが「中途採用に特化した自社メディアを作って人材を募集する」だとします。その場合、中途採用メディアのPV数、問い合わせ数、面接数、採用数などが指標となります。すると、月間5000PV、月間の問い合わせ5件、うち面接4名、うち採用1名、半年間で6名採用、などが目標として挙げられます。

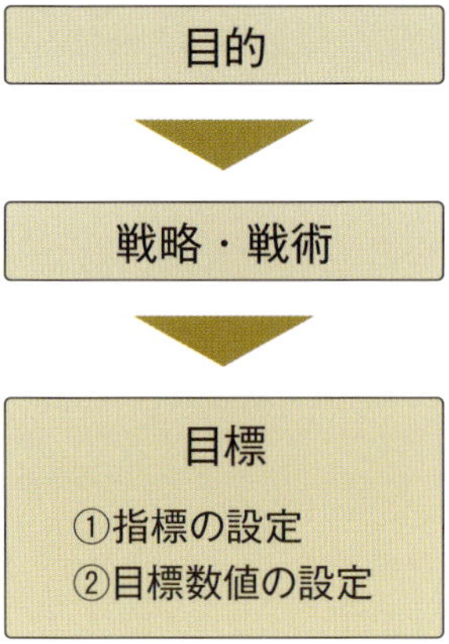

目標を分解して考える

目標と指標の関係に加えて、もう1つ押さえておきたいポイントは「目標を小分けにする」という考え方です。これには2つの方法があります。

1つは、最終目標をいくつかの段階目標に分けるという発想です。いきなりゴールを達成するのが難しい場合、そこに至るまでの段階を難易度に応じて小分けに設定することで、一歩一歩目標に向かっていくことができます。「最初の一歩」まで引き寄せて考えることが重要なのです。

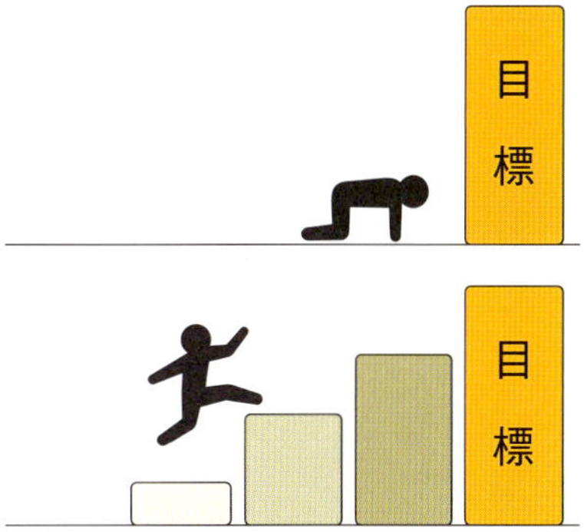

段階目標に分ける

もう1つは、達成すべき目標の構成要素を分解し、属性ごとの目標を設定するという方法です。これは目標版ロジックツリーのような考え方で、設定した目標のもう一段階細かい目標を設定するということですね。詳しくは、後述の「KPIツリー」を参考にしてください。

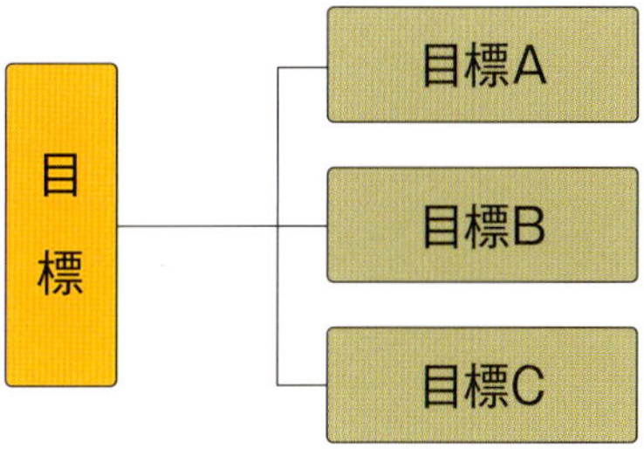

属性ごとの目標を設定する

計画どおりにはいかない。振り返りと改善が重要

目標を設定したら、あとはスケジュールを作成してひたすら実行するのみですが、実行した後についても触れておきたいと思います。

ここで紹介するフレームワークを使って目標を設定できても、実行してみると、なかなか計画どおりにはいかないものです。目標は設定して終わりではなく、そこからがスタートといえます。最終目的の達成に向けて、実践と改善のサイクルを回し続けていくことが肝要です。サイクルを回す中で新たな問題が出てきたり、実行した結果が蓄積されたりします。本書の流れでいえば、第1章に戻り、また次の問題を発見し、課題設定へと進んでいくということです。よりよい結果を目指して、飽くなき探究を続けていきましょう。

42 ロードマップ

目標に到達するまでの道筋を可視化する

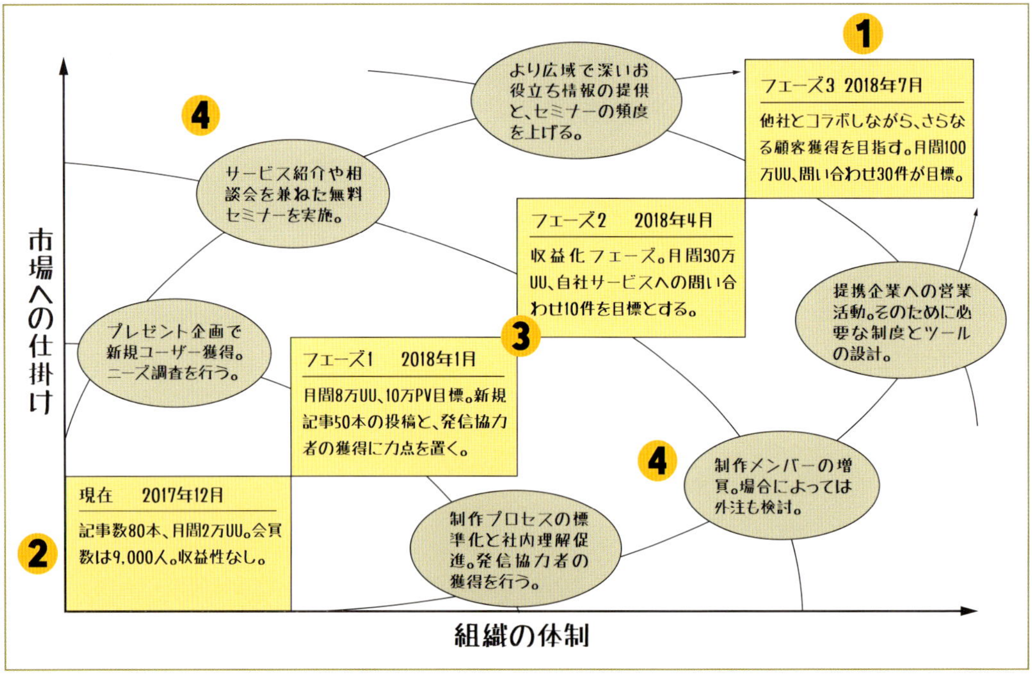

基本情報

「ロードマップ」とは、未来の目標へ到達するためのステップを示した進行（予定）表のことです。時間やコスト、必要な資源などを加味して、目標に到達するまでの道のりを明確にし、共有するために用いられます。

ロードマップを作成することで、その事業をどのように発展させていくのか、長期的なイメージを可視化し、共有できます。また、実際に事業を運営し始めてから、関係者間で方向性や力点の置き方に関するズレなどが起きた場合に、原点に立ち返るための共通言語としての役割も果たします。また、投資家やサポーター、パートナーなど外部の関係者向けに、想定している事業の将来像を示す目的で利用することも可能です。

使い方

1 **[ゴールを書き出す]**：到達したいゴール（未来の目標）を一番右上のマスに記入します。具体的なイメージを持って計画を立てるために、日付も記入します。

2 **[現状を書き出す]**：ゴールに対して、現状どのような状況であるかを一番左下のマスに書きます。

3 **[中間目標を設定する]**：最終的なゴールを達成するまでの、段階的な目標を設定します。このときのポイントは、現状からの積み上げで考えるのではなく、最終目標から逆算して、やるべきことや達成すべきことを設計することです。

4 **[仕掛けと体制づくりを考える]**：段階的な目標を達成するための「市場への仕掛け」と「組織の体制づくり」について検討します。市場への仕掛けとは、マーケティング施策やプロモーション、営業戦略、商品戦略など、顧客への価値提供に直接関わることが該当します。組織の体制には、人材の採用、スキル習得、システム構築、資金調達など、組織内部に関わることを記入してください。

思考が加速する問い

Q. 目標の達成を目指すうえで障壁になりそうなことは？

Q. 最終目標を半分の時間で達成できないか？

Q. 各中間目標で達成したいことを一言で表現すると？

Q. 各フェーズでの狙いは？

CHECK POINT

- ☑ 最終的なゴールが明確である
- ☑ 適切なレベルの第一目標が設定されている（最初の一歩は明確か）
- ☑ 不足している資源を確保していくためのシナリオが描けている

43 KPIツリー

指標を分解して計測する

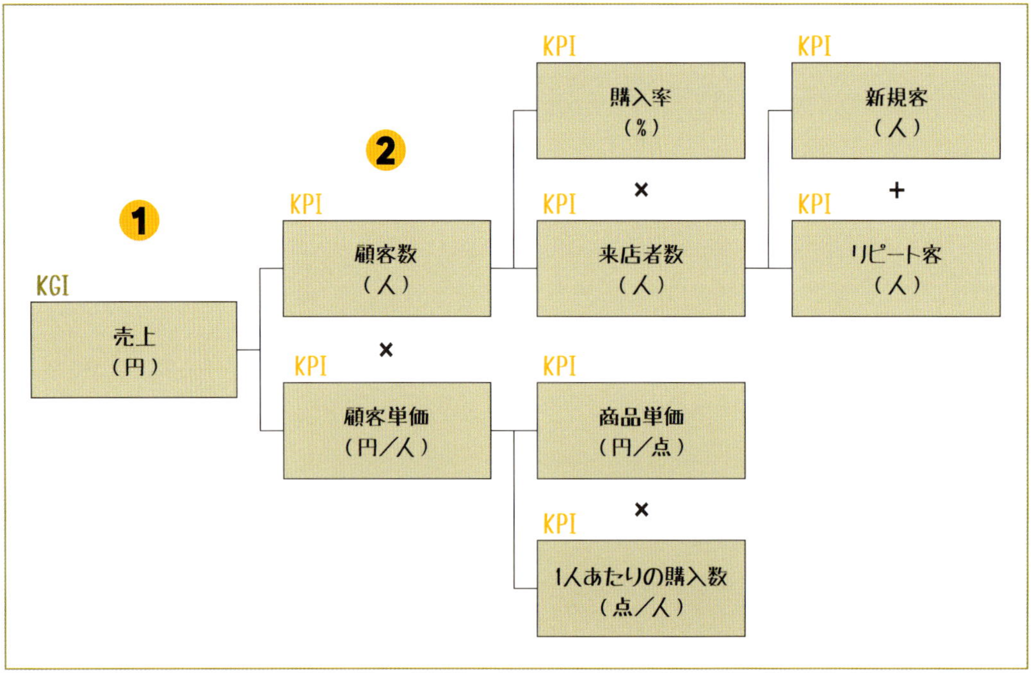

基本情報

KPI（Key Performance Indicator）とは重要業績評価指標のことで、業績を定量的に評価するための指標です。また、事業の運営において、個人や組織が最終的に達成すべき指標のことをKGI（Key Goal Indicator＝重要目標達成指標）と呼びます。このKGIを、中間指標となるKPIに分解し、進捗を定量的に測定して改善できるようにしたフレームワークが「KPIツリー」です。上の例のようにKGIを頂点とした樹形図の形で表現します。

KPIツリーを作成し、細かく指標設定と計測を行うことによって、具体的な施策の設計、改善、役割分担ができるというメリットがあります。また、KPIツリーを作成した後、別途各KPIに実際の目標数値を設定すれば、目標ツリーを作成できます。

使い方

1 **[KGIを設定する]**：ツリーの頂点（ゴール）となるKGIを設定します。例では「売上」をKGIに設定しています。

2 **[KPIに分解する]**：設定したKGIをどのようなKPIに分解するかを考えます。例では「売上」というKGIを「顧客数」「顧客単価」という2つのKPIに分解し、それぞれをさらに細かいKPIへと分解しています。

補足 KPIに分解するときのポイント

分解前の要素は、分解後の要素の加減乗除（＋－×÷）で表現できる必要があります。例えば「売上」というKGIは、「顧客数」と「顧客単価」の掛け算で算出できます。また、「来店者数」というKPIは、「新規客」と「リピート客」の足し算で表現できますね。このとき、KGIから末端のKPIまで、計算結果の単位にズレがないようにしてください。さらに細かく考えたい場合は、顧客の種類や商品ごとに細分化して、KPIを設定します。

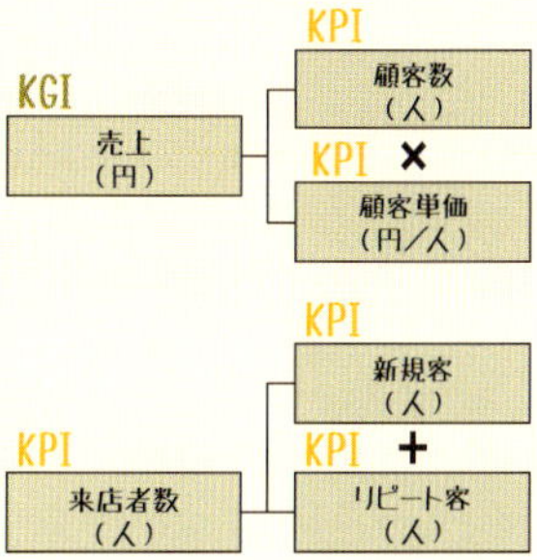

思考が加速する問い

- 最終結果までのプロセスを分解してみると？
- 伸びしろが大きいKPIは？
- KPIから新しい戦術設計の視点を得られないか？
- 定性的な要素を定量的に計測できないか？

CHECK POINT

- [ ] KGIから各KPIが加減乗除の関係で表現できている
- [ ] KGIおよびKPIに設定した指標を、実際に計測できる体制が整っている
- [ ] 事業を成功させるためのキーとなる要因が明確である

44 AARRR

収益化までの各段階における指標を設定する

	①顧客の体験	②KPI	③結果	割合	②目標値
獲得 Acquisition	サービスの存在を知ってWebページを訪問。無料トライアルアカウントに登録する。	1. Webページ初回訪問数 2. 無料トライアルアカウント登録者数	9,500人 6,745人	100% 71%	100% 80%
活性化 Activation	無料トライアルアカウントに登録後、見放題コンテンツ一覧ページから気になるドラマを視聴する。	3. 登録後、1本以上の動画の視聴を完了した顧客数	5,035人	53%	60%
継続 Retention	初回利用から1週間以内に、再度見放題コンテンツを視聴する。	4. 1週間以内に再訪問し、2回以上視聴した顧客数	2,090人	22%	40%
収益化 Revenue	サービスの品質に満足し、無料トライアル終了後も月額500円の有料アカウントで登録を継続する。	5. 有料会員の登録者数	380人	4%	20%

基本情報

「AARRR（アー）」とは、顧客獲得から収益化までの段階を5つに分け、各段階に応じたKPI（重要業績評価指標）を設定し、仮説検証をしていくフレームワークです。具体的には「Acquisition（獲得）」「Activation（活性化）」「Retention（継続）」「Referral（紹介）」「Revenue（収益化）」の5つに分けて考えます。各段階についてファネル（ろうと）のイメージで考えると、優先すべき改善点を見つけやすくなります。ここでは、5つの段階のうち、「獲得」「活性化」「継続」「収益化」の4つに焦点を当てたAARRRの活用例を紹介しています。

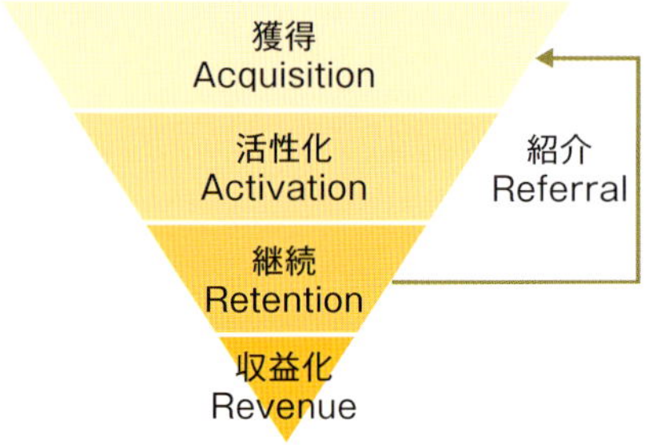

使い方

1 **[顧客体験の流れを書き出す]**：顧客がたどる主な価値体験の流れを書き出します。

2 **[KPIと目標値を設定する]**：各段階のKPIと目標値を設定します。例では「各段階に到達した人数の割合」（以下、「割合」という）を目標とする形で活用しています。今回は省略していますが、「紹介」を考える場合は、SNSのシェア数や招待数などをKPIに設定します。

	内容	KPIの設定例
獲得	顧客へのサービス周知、登録を目指す	訪問数、ダウンロード数、登録者数など
活性化	初回利用での高い満足度を目指す	利用、作業、体験の回数や時間など
継続	継続的な利用（高い利用率）を目指す	再訪問数、再利用数、連続利用日数など
収益化	収益化および収益性の向上を目指す	購入数、金額、広告視聴回数など

3 **[測定と改善策を立案する]**：実測データを整理して分析します。このとき、割合に着目し、どの段階の割合をどの程度高めるかを考えると、改善策が浮かびやすくなります。

思考が加速する問い

Q. 成長のエンジンとなるような要素は何か？

Q. どの段階の数値から優先して改善する？

Q. 顧客体験を最大化させるために何ができる？

Q. KPIを細かく分解してみると？（KPIツリー（参照→43）で分解）

CHECK POINT

- ☐ 各段階における目減り率が可視化できている
- ☐ 顧客が離脱していく原因がつかめている
- ☐ 改善のための一手が明確になっている

45 SMART

目標設定の質を高める

目標設定	担当店舗のファンを増やす
1 Specific 具体的か	1カ月以内に再訪問してくれるお客様をファンと定義。新規来店から1カ月以内の再訪問率+30%を目指す。
2 Measurable 測定可能か	1カ月以内の再訪問率を指標とする。来店お礼メールに添付するクーポンの閲覧率と使用率も計測。
3 Achievable 達成可能か	現在の再訪問率は8%だが、施策が皆無のため伸び代は大。達成の鍵である現場スタッフとの共通認識づくりに取り組む。
4 Result-based 成果にもとづいているか	「再訪問者（率）」の増加に貢献することで、組織全体の利益（売上−コスト）を高めることができる。
5 Time-bound 期限はあるか	まずは3カ月後の月末集計時に、1カ月以内の再訪問率+10%

基本情報

「SMART」とは、良質な目標を設定するためのフレームワークです。個人や組織が目標を達成するためには、目標が具体的であり、達成に向けてすべきことが誰にでもわかる必要があります。SMARTは、「具体的か（Specific）」「測定可能か（Measurable）」「達成可能か（Achievable）」「成果にもとづいているか（Result-based）」「期限はあるか（Time-bound）」の5つの要素から目標をチェックし、目標設定の質を高めます。

重要なのは目標の難易度の設計です。目標が低すぎると、組織の能力を持て余すこととなります。逆に高すぎると、途中で息切れしてしまうことにつながり、それもまたよくありません。調査データや現状分析をもとに、チャレンジングかつ適切な難易度を設定しましょう。

使い方

1 **[目標を具体的に考える]**：現在設定している目標の内容が具体的かどうかを考えます。目標を表現する文章は、誰が見てもわかる内容になっているかをチェックします。

2 **[測定できるか考える]**：目標の達成度や進捗状況を、定量的に計測できる状態にあるかをチェックします。定量的に計測できることで、共有・改善が可能だからです。

3 **[達成可能か考える]**：目標が実現可能かどうかをチェックします。目標レベルは、高すぎず低すぎず、少し背伸びしたくらいの設定にすることが重要です。

4 **[成果にもとづいているか考える]**：さらに上位の目標に紐付いているかをチェックします。組織全体の上位目標に貢献できるのかについて考えましょう。

5 **[期限を考える]**：いつまでに目標を達成するのかを考えます。目標には、締め切りや期限がなくてはいけません。

思考が加速する問い

Q. よい目標の条件とは？

Q. 目標達成の阻害要因は何だろう？

Q. より挑戦的に考えると？

Q. 成長促進のために目標設定を工夫できないか？

CHECK POINT

- [ ] 第三者からも理解可能な目標が設定できている
- [ ] 個人の目標と組織の目標が明文化され、共有できている
- [ ] 目標に対する結果の振り返りと改善を行う機会がある

コラム　バックキャスティングとフォアキャスティング

第4章ではアイデアをどのように実現していくのか、ということについて考えてきました。未来のことを考えるうえで押さえておきたいのが、「バックキャスティング」と「フォアキャスティング」という2種類の思考法です。

未来を起点に考えるか、過去から現在を起点に考えるか

バックキャスティングとは、目標とする未来を先に描いた状態で、その未来を起点に現在を逆算する思考法です。これまでの方法では解決できない問題に対して、新たな方法を考える際に効果を発揮します。また、目指すゴールが明確であるため、到達するまでの道筋を描きやすいのも特長です。

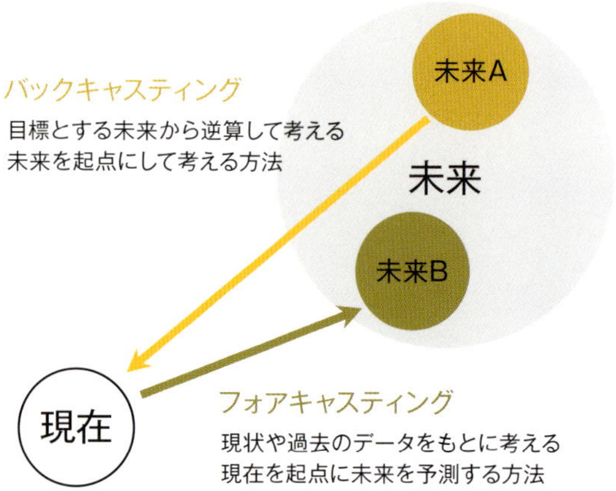

未来A
バックキャスティング
目標とする未来から逆算して考える
未来を起点にして考える方法
未来
未来B
現在
フォアキャスティング
現状や過去のデータをもとに考える
現在を起点に未来を予測する方法

近年はバックキャスティングを用いてプランニングすることが増えており、ビジネスパーソンに限らず、すべての人に重要なものといえます。この章で紹介したロードマップなども、まさにその1つですね。とはいえ、バックキャスティングも完全無欠の方法というわけではなく、現状から見た短期的な物事を考える場面や、緊急的な状況の変化に弱いという側面もあります。

逆にフォアキャスティングとは、現在を起点として未来を予測する方法です。短期的な未来を考える場合や、現状や過去のデータを分析したうえで方策を考えるときに用いられます。現状の強みを活かした、実現性の高いアイデアを考え出す際に有効です。ただし、どうしても過去からの延長線上に未来を描くことになるので、革新的なアイデアが生まれにくいとされています。また、未来の目標が定まりにくいのも懸念点です。

これら2種類の考え方には、このようにメリットとデメリットがあります。フレームワークを活用するにあたり、補完的にバランスよく両方を使えるよう、考え方を磨いていくことが重要です。

第5章

業務を改善する

STEP 1

結果を振り返る

現状を把握して、次の行動を検討する

第1章から第4章で、問題・課題の設定から解決策の設計までに活用できるフレームワークを解説しました。第5章では、実際に業務として実践した結果を振り返り、改善していくための考え方や手法について紹介していきます。まずこのステップでは、振り返りを行う手法について見ていきましょう。

よかった点、改善が必要な点を明らかにする

戦略や戦術、現場での業務は、実践して終わりではなく、振り返りまでセットで行うことが重要です。実際にやってみて、よかった点、改善が必要な点（問題点）を可視化し、次につなげていきます。こうした実践と改善のプロセスとして有名なフレームワークに「PDCA」があります。

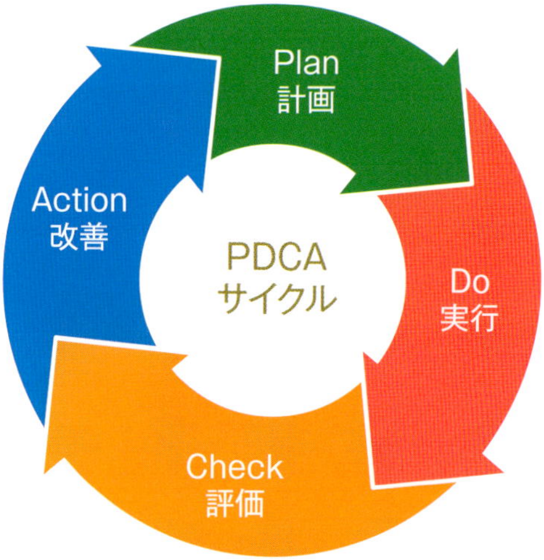

PDCAは、戦略や戦術、業務スケジュールの立案などの計画を行う「Plan」、計画を実行する「Do」、実行した結果を評価する「Check」、評価を踏まえて改善策を考えて施す「Action」の4ステップからなります（それぞれの頭文字を取ってPDCA）。本章でいう「振り返り」はCheckのプロセスに当たります。経営レベル、営業や製造現場のレベルなど、あらゆる階層でPDCAの考え方は活用されます。

実行すること（Do）だけに目がいき、適切な振り返り（Check）ができていないパターンはよくあります。実行した努力やコストを最大限に活かすために、振り返りは的確に、効果的に行う必要があります。

振り返りで「仮説」と「結果」のギャップを可視化する

よかった点、改善が必要な点を可視化すると同時に、振り返りで明確にしたいポイントが「仮説と結果のギャップ」です。仮説とは「こうすれば問題が解決できるだろう」「目標が達成できるだろう」という事前に想定した内容です。データや戦略を駆使していろいろと考えるわけですが、実際にやってみるとうまくいかないポイントが出てきます。この仮説と結果（現実）のギャップがどこにあるのか、どれくらいあるのかを明確にすることが、改善点を導き出すための第一歩です。

このステップでは、「KPT」や「YWT」、「PDCAチェックシート」など振り返りをする際に活用できるフレームワークを紹介しています。仮説と結果のギャップを明らかにするという意味では、第1章で紹介している「As is／To be」もあわせて活用してみてください。

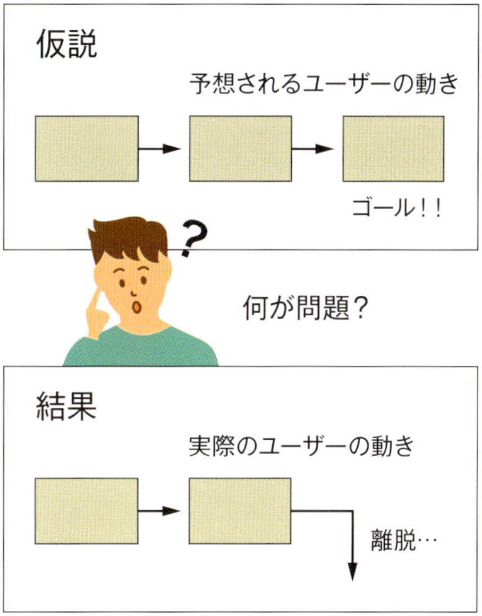

責任を追及するよりも、よりよくする方法を追究する

いざ振り返りをしようとした際、問題やミスの原因を考えるうちに、「誰が悪いのか」という責任の追及や押し付け合いになることは少なくありません。しかしそんな状況では、個人の立場を守るための発想や発言が優先されてしまい、全体としてよりよい方向へ向かっていくためのアイデアが生まれません。振り返りを行う際は、問題やミスの責任を追及するよりも、なぜその問題が生まれるのか、なぜそのミスが発生するのかという業務プロセスや仕組み上の原因を追究することの方が重要です。そして、それを改善するための方法を追究するのです。振り返りの会議を進行することになったら、個人攻撃をしないためのルールを作りましょう。

46 KPT

業務を振り返り、今後のアクションを考える

1 継続すること Keep

- 自社サービスのどこに魅力を感じてもらえているのかヒアリングできた
- 「説明がわかりやすい」と言ってもらえた
- 展示会に出展する流れと必要なツールを把握できた

2 改善すること Problem

- 名刺をもらうのに必死で対応が雑になった場面があった
- 目をひくようなコンテンツがなかった
- 出展前後の情報発信がうまくできなかった
- 事例の数が少なかった（今回は3つ）

3 新たに挑戦すること Try

- アンケートを用意する（最低限ヒアリングする共通の項目を設定しておく）
- 名刺をもらう役割の人を1人置く
- SNSのフォローやLINE@へ誘導する
- 事例の数を10種類まで増やす（業種ごとに対応できるようにする）
- 開催告知だけでなく、役立ち情報なども配信して、展示会に参加できない人への訴求力を高める
- 展示会中のコミュニケーション内容をQ&Aコンテンツ化する

基本情報

「KPT（ケプト）」とは、「Keep（継続すること）」「Problem（改善すること）」「Try（新たに挑戦すること）」の3つの要素から、現状の業務状況を振り返るフレームワークです。よかったところと悪かったところを整理し、今後のアクションを考えます。業務中に個々人が感じている課題や気付きを、チームとしての課題や気付きに変えることが目標です。KPTを行う際は、発生した出来事や数値的な結果だけを見るのではなく、そうなるまでのプロセスや仕事の仕方に目を向けることがポイントです。

一度実施して終わりではなく、週ごと、月ごとなど、定期的に実施することが理想です。Tryの内容をブラッシュアップし、業務の内容や働き方、チームのあり方の質を高めていきます。

使い方

準備 **[前回のTryを確認する]**：前回のKPTで設定したTryの内容を確認します（初めてKPTを行う場合はシンプルに❶からスタートします）。

❶ **[継続することを書き出す]**：前回設定したTryの内容と、現在の業務状況を踏まえて、継続する要素（Keep）を書き出します。なお、継続することには、よかった点や成功したことなどが該当します。

❷ **[改善点を書き出す]**：改善点（Problem）を書き出します。なお、ダメ出しが目的ではありません。そのため、問題の原因は追究しますが、誰かを攻撃するような責任の追及はしません。

❸ **[新たに挑戦することを書き出す]**：KeepとProblemを踏まえて、今後新たに挑戦すること（Try）を考えます。Tryはアクションになることを書くのがポイントです。例えば「ミスが起きないように気を付ける」といったものではなく、「チェックの回数を2回に増やす」などのイメージです。こうすることで、次回のKPTで振り返ることができます。

思考が加速する問い

Q. 持っている力の何％を発揮できたか？

Q. 自分たちにとって最大のチャレンジは何だったか？

Q. 失敗から何が得られるだろうか？

Q. 繰り返しProblemに出てくることはあるか？

CHECK POINT

- □ 改善が必要な要素をはっきり書き出せている（発言しやすい環境がある）
- □ Tryがアクションとして書き出せている
- □ KPTを活用した会議の方法が浸透し、誰でも司会進行を担当できる

47 YWT

経験を学びに変えて次に活かす

①Y：やったこと	③T：次にやること
・サイト設計の見直しと発信強化（不定期で更新していた自社ブログをリニューアル） ・記事コンテンツ作成と投稿（90本/3カ月） ・3カ月分のアクセスデータ、ユーザーデータの収集	・ペルソナを再度言語化して共有する（共感マップの作成にもチームで取り組む） ・記事コンテンツ作成のフロー整備（マニュアル化） ・読みやすさを向上させる（ビジュアル要素の追加） ・記事作成の役割分担 ・アクセス数アップと、反応率の改善に注力 ・サービス紹介用のランディングページを作成する ・KPIツリーを作成して具体的な数値目標を見直す
②W：わかったこと	
・全体のサイト設計がとても重要である ・ペルソナ設定の大切さが改めてわかった ・SEOを意識した記事作成は時間がかかる ・検索数に対するアクセス数の相場がわかってきた ・改善こそが重要（記事の修正や追記）	

基本情報

「YWT」とは、「Y（やったこと）」「W（わかったこと）」「T（次にやること）」の3つの項目で振り返りを行い、次につなげていくためのフレームワークです。KPT（参照→46）と使い方はほとんど同じです。違いとしては、KPTが業務の内容や目標、改善点に重点を置いて振り返るのに対して、YWTは個人やチームの経験を学びにすることに重点を置いています。

知識からではなく経験から学ぶ学習のスタイルとして「経験学習モデル」があります。経験学習モデルの中では、自身の経験を内省し、そこから得られる学びを概念化するステップが存在します。YWTにおいては、W（わかったこと）がこのステップに該当しており、ここで自分の経験を概念化して、再現性のある知識やノウハウへと変換することが重要です。

使い方

❶ **[やったことを書き出す]**：企画運営や日々の業務の中でやったこと（Y）を書き出します。イベントやプロジェクトが終了したタイミングや、月末などの時間軸で区切り、その間に実施した内容を可視化するイメージです。

❷ **[わかったことを書き出す]**：やったことの中から、わかったこと（W）を書き出します。学びや気付きを見いだすステップです。複数人でYWTを行う場合は、個人での気付きや学びを、チームに共有するステップでもあります。成功・失敗の両体験に目を向けて、学びになることを抜け漏れなく書き出しましょう。

❸ **[次にやることを書き出す]**：❶と❷の内容から、次にやること（T）を考えます。次回のイベントはどうするか、来月の業務はどうするかを考えるというイメージですね。一度振り返って終わりではなく、継続的に実施していくことが大切です。

思考が加速する問い

Q. 普段から学びに対する目標を持っているか？

Q. 最も苦労した点、最も達成感を得た点はどこ？

Q. 同じ経験の中から、他者は何を学んでいる？

Q. 学んだことを持論化すると？

CHECK POINT

- [ ] 自身の学びについて、どのような点が成長したのかを言語化できている
- [ ] 今後取り組む業務に対して学びたいことがある
- [ ] 学びを別の場面でも活かせるように概念化できている

48 PDCA（チェックシート）

目標に対する結果を振り返り、次に活かす

1 P. 計画	2 D. 結果	3 C. 評価	4 A. 改善（行動）
顧客単価アップに注力。顧客リストを見直し、見込み客リストを更新。30万円のプラン利用者に対して追加提案 **目標** 単価100万円以上のプラン契約2件 見込み客への訪問30社、うち6社で商談	見込み客リストの更新と共有完了 34社の訪問達成、うち6社と商談達成 100万円以上のプラン契約は1社のみ 30万円プランの再契約1件	直接訪問は好印象（競合他社のほとんどがメール営業） 2つのプランの違いが伝わらない。70万円上乗せするメリットを感じてもらえない 現在は離脱している企業も覚えてくれており、提案を待っているような雰囲気があった	プラン別のメリットを比較する資料を作成。あわせて事例も掲載する（制作担当に依頼する） 見込みリストの範囲を拡張する（2年→5年）

基本情報

業務の改善を考えるうえで欠かせない「PDCA」。「Plan（計画）」「Do（結果）」「Check（評価）」「Action（改善）」の4ステップを繰り返すことで、業務の質を高めていくフレームワークです。継続的に繰り返すことから、「PDCAサイクル」とも呼ばれます。売上増や生産性向上、目標達成に向けてなど、あらゆる場面の改善活動に貢献します。

ここでは、PDCAの考え方を日々の業務の中に取り入れられるような、シートの活用方法を紹介します。月単位や週単位といった時間的な区切りや、プロジェクトの区切りで、PDCAの各項目を振り返って整理しましょう。業務は循環しているという認識を持つこと、そして仮説と検証を繰り返すことで、業務の質を高めていくサイクルを習慣化することが大切です。

使い方

1 **[計画を書き出す]**：計画（Plan）を書き出します。何の業務をどんなスケジュール感で実施するのかを整理しましょう。また、計画と一緒に目標も明記します。数値で計測できる目標を書き出すと、有効な振り返りが可能となります。

2 **[結果を整理する]**：計画を実行した結果（Do）を振り返ります。具体的に実行したことや、生じた出来事、計画とのズレなどを書き出します。

3 **[評価や気付きをまとめる]**：結果に対する評価（Check）を行います。よかった点、改善が必要な点、そのほか気付いた点をまとめます。

4 **[改善策を考える]**：次回に向けての改善策（Action）を考えます。すぐに修正できる問題はさっそく対処し、次回の業務で修正する要素については、計画に組み込みましょう。目標を達成するまで1～4を繰り返していきます。

思考が加速する問い

Q. 1つ1つのアクションに意図はあるか？

Q. 成功の再現性はどうすれば高められる？

Q. 目標と実行結果のズレの原因は？

Q. 今回の活動期間で学んだことは何？

CHECK POINT

- [ ] 仮説を持ったうえで計画を考えられている
- [ ] 評価のプロセスで成功要因と失敗要因を把握できている
- [ ] 改善案が具体的に出てきている

STEP 2

業務の状態を可視化する

取り組んでいる業務を棚卸して評価する

このステップでは、取り組んでいる業務を可視化します。全体として今どのような業務が存在しているのか、各業務の実施状況は良好か、あるいは問題があるかを評価し、改善策の立案へとつなげていくステップです。日々の業務の中で使えるフレームワークかつ、頭に置いておきたい考え方を紹介していきます。

業務を棚卸する

業務の棚卸とは、業務の種類や内容を書き出し、現状どのような業務が存在しており、それぞれどの程度のコストがかかっているのかを可視化する作業です。各部門、各担当者が日々どのような業務にどの程度の時間を割いているのかをヒアリングしてまとめます。

業務を改善していく際には、業務のフロー（流れ）や個々の業務内容を最適化する工夫を考えます。棚卸は、そのために業務を一覧にする作業といえます。業務の棚卸では、各ポジションを担当しているメンバーの1日をスキャンして、細かく業務をリストアップしていくことがポイントです。一定期間の日報を切り出したり、ヒアリングや観察を行って吸い上げたりする方法もあります。業務マニュアルのない組織においては、そもそもどのような業務が存在しているのかを把握できていない場合があるので、この作業を行うだけでも得るものは多いでしょう。

それぞれの業務にはつながりがある

業務を可視化する際、各業務は単体で存在しているのではなく、前後の業務とつながりがあることを意識しておきましょう。これについては、業務フローを考えることで具体的に掘り下げていくことができます。

業務フローとは文字どおり「流れ」を意味しており、視覚的に整理したものを「業務フロー図」と呼びます（詳しくは後述）。この図を作成することで、各業務の流れやつながりを可視化できるほか、どのような「判断」と連動しているのかが明確になるというメリットがあります。

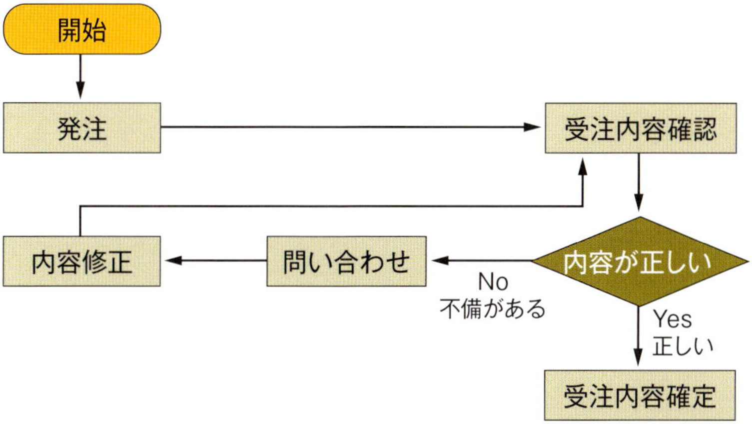

業務の棚卸と、業務フロー図ができれば、業務のあり方を確認することができるでしょう。加えて、「PERT図」を用いることで、業務を実行するための時間コスト（所要時間）の把握が可能となります。

業務の棚卸は部門を越えたメンバー構成で

業務の棚卸およびフローをチェックする際、単体の部門のメンバーで実施するだけでなく、ぜひ他部門のメンバーが集まる機会を設けてほしいと思います。組織全体においてどの部門がどのような業務を行っているのかは、業務が細分化すればするほどわかりづらくなります。部門を越えて業務を可視化することで、重複している業務を見つけたり、連携することで効率化できたり、相乗効果の発見につながったりする可能性があります。

49 業務棚卸シート

存在する業務の一覧を整理する

❶

大分類	中分類	小分類	頻度
フロント業務	来客対応	施設のご案内業務	毎週
		来客対応	毎日
		お問い合わせ対応	毎日
	会員対応	入館／退館管理	毎日
		会議室の予約／キャンセル受付	毎日
		コミュニティボードの更新	毎週
バックオフィス業務	顧客管理	顧客情報の入力／整理	毎日
		空き会議室のスケジュール管理	毎日
		会員向けイベント情報の配信	毎月
	事務	清掃業務	毎日
		運営報告書作成	毎週
		会員費用の請求業務	毎月

基本情報

業務の棚卸とは、存在する業務を洗い出して整理することです。「業務棚卸シート」にまとめていくことで、業務内容を抜け漏れやダブりなく可視化することができます。業務の全体像をチームで共有することで、同じような業務を統合したり、苦手なものを得意な人に依頼するなど、改善ポイントの抽出につなげていきます。

ここで意識しておきたいのが「業務内容の認識を一致させること」です。例えば、上の例における「施設のご案内業務」は施設の説明をするところまでなのか、お礼メールを送るところまでなのかなど、業務の始まりと終わりの認識を一致させましょう。業務を一覧にしていく中で、メンバー間の共通認識、共通言語を作っていくことが重要です。

使い方

準備 **［業務を洗い出す］**：各部門・各ポジションのメンバーが日々行っている業務を1つずつ洗い出します。右図のように、1日の流れに沿って付箋に書き出すとよいでしょう。1週間、1カ月、1年と尺度を変えていくことで、全体像を可視化していきます。

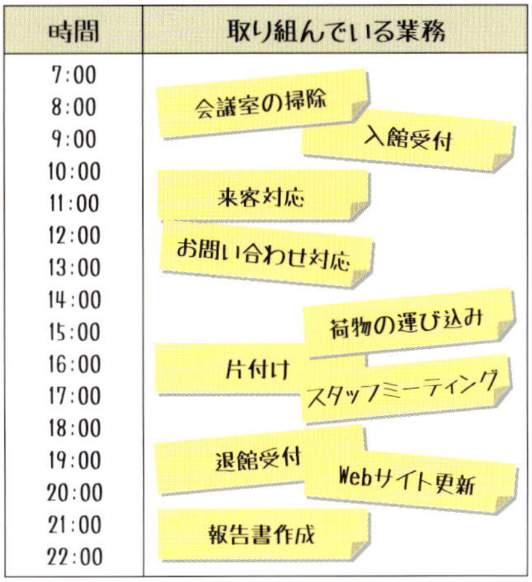

1 **［業務項目を一覧化する］**：書き出した業務の内容を、ジャンルやレベルに分類して整理します。分類する際は、ロジックツリー（参照→05）のように内容の階層を揃えることを意識します。

補足 **そのほか考える必要があること**
目的に応じて、実行頻度、所要時間、担当者、必要人数、ピーク時期、実行の難易度、改善点などを整理していくこともあります。

思考が加速する問い

Q. 自社にはいくつの業務が存在する？

Q. 業務全体のうち何％がマニュアル化できている？

Q. 業務と認識していない、付帯的な作業はないか？

Q. なぜ存在しているかわからない業務はあるか？

CHECK POINT

- ☐ 存在している業務の一覧が整理できている
- ☐ 分類の抽象度（階層）が「小」などで統一できている
- ☐ 業務の名称と内容の定義がメンバー間で統一できている

50 業務フロー図

業務の流れやつながりを可視化する

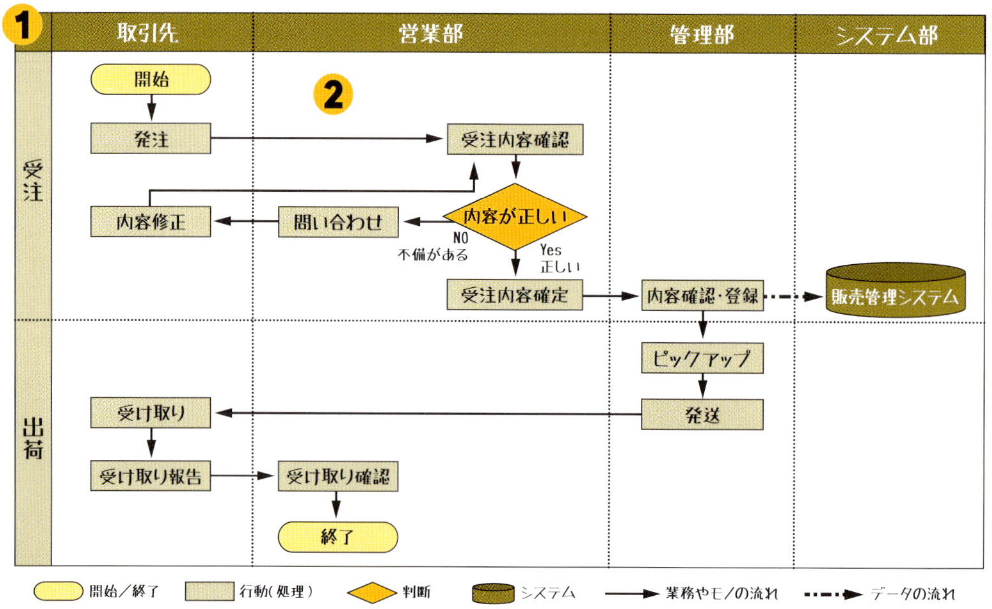

基本情報

「業務フロー図」とは、業務の流れを図式化して視覚的に把握しやすくする手法です。どのような業務が存在しており、誰が、いつ、何をキッカケに、どのような判断にもとづいて行われるのかを可視化します。メンバー間に共通の認識を持たせ、再現性の高い業務に取り組むことができます。

業務フロー図を作成する際は、行動を四角形で表現し、順番に矢印でつないでいきます。情報の量が多く複雑になってしまう場合は、フロー図を分けて作成します。全体の大枠を表現するフロー、全体フローを部分的にピックアップしたフローなど、2段階、3段階に分けて考えます。

使い方

準備 **[業務の内容を書き出す]**：対象にする業務を決め、その業務を遂行するために必要となる行動（処理）を洗い出します。ポイントとしては、この最初の段階で業務の始まりと終わりを定義しておくことです。例えば、業務フローの終わりは「受け取り確認」までとするのか、その後の「入金」までとするのか、といった境界を明確にします。

1 **[部門と大枠の流れを設定する]**：業務に関わる部門を枠（縦の列。スイムレーンと呼ぶ）として用意します。左の例では、取引先、営業部、管理部、システム部があります。このほか、総務や開発などの部門や、経営者や人事部長などの役職者が入る場合もあります。

2 **[フロー図に落とし込む]**：各行動を流れに沿って整理します。このとき、業務のつながりや、分岐条件の明確化を意識してください。左の例では、取引先から発注があり、商品の受け取り確認が完了するまでを表しています。この中に経理業務を含めると、請求書の作成や入金処理などが加わることになります。整理しながら、業務や関係者に抜け漏れがないかチェックしましょう。

思考が加速する問い

- Q. 全体像や細部について外部のメンバーに説明できるか？
- Q. 業務の受け渡しはスムーズか？
- Q. よりシンプルに表現できないか？
- Q. 同一の業務はいつも同じフローになっているか？

CHECK POINT

- ☐ フローの始まりと終わりが明確になっている
- ☐ 各行動の内容が明確になっている
- ☐ 判断の入る場所と分岐する基準が明確になっている

51 PERT図

業務のつながりを整理して最短のスケジュールを考える

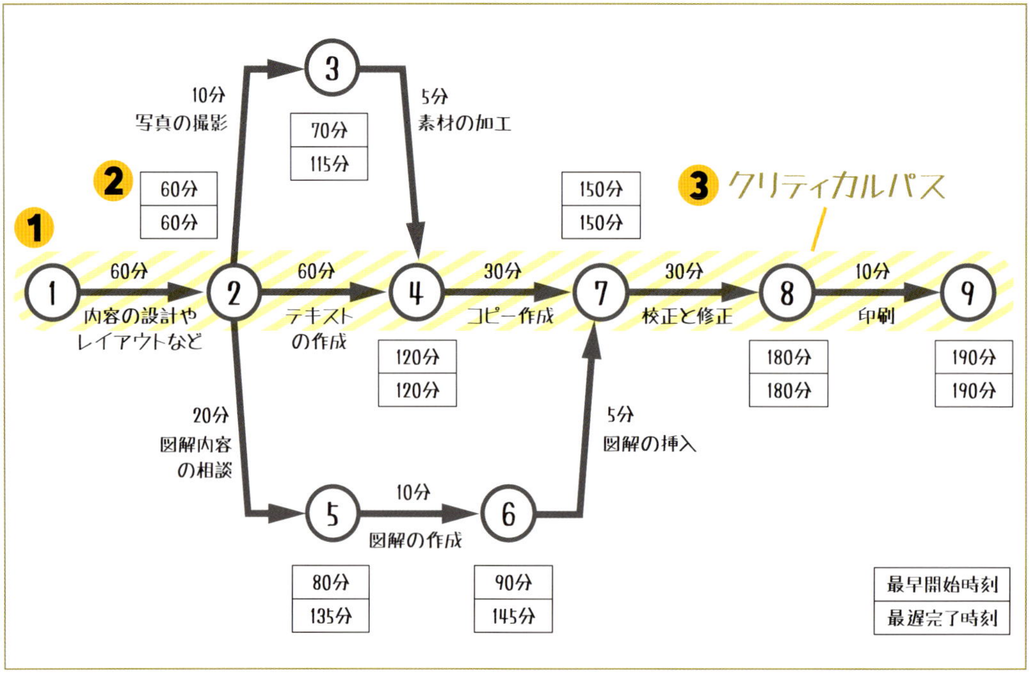

基本情報

「PERT（Program Evaluation and Review Technique）図」とは、業務の流れや所要時間を図式化し、業務の計画を立てる手法です。複数の業務が存在するプロジェクトでは、1つが遅れることで全体が遅れてしまう場合があります。限られた時間の中で目標を達成するためには、遅れが生じないように各業務の「最遅完了時刻」を把握し、どこに重点を置いて進捗管理するかがポイントです。PERT図では、同時に最短のスケジュールも可視化していきます。

PERT図は、各工程を表現する「○」と、作業を表す「→」で構成されます。各工程の下には、「最早開始時刻」（業務に最も早く取りかかることのできるタイミング）と、「最遅完了時刻」（余裕を持って業務を行っても問題のない最も遅いタイミング）を整理します。

使い方

準備 **[業務を把握する]**：必要な業務を書き出し、それぞれの業務に必要な時間を設定します。この段階では、付箋やExcelを用いて箇条書きにするとよいでしょう。

1 **[流れを整理する]**：各工程を矢印で結び、図式化していきます。矢印には、その業務にかかる所要時間をあわせて書いておきます。

2 **[タイミングを計算する]**：各業務に取りかかることのできるタイミングを書き出し、時間を計算していきます。最早開始時刻を考える際は、基本的に左から順番に足し算していきます。逆に、最遅完了時刻を設定する際は、右から順番に引き算で算出します。

3 **[クリティカルパスを把握する]**：最早開始時刻と最遅完了時刻が同じものを結ぶ矢印を「クリティカルパス」といいます。これは時間的な余裕のない業務であり、遅延することで全体のスケジュールに影響を及ぼす重要な業務です。左の例の場合、「2」の後に3つの業務が並行していますが、最も時間を必要とする中央の流れをクリティカルパスとします。

思考が加速する問い

Q. 前後の業務を意識しているか？

Q. 業務が遅れる原因は何だろう？

Q. 時間を短縮する工夫はないか？

Q. 各業務を効率化する方法はないか？

CHECK POINT

- ☐ クリティカルパスが明確になっている
- ☐ 業務を最短で進めるために、適切な資源の配分ができている
- ☐ 全体として、問題の発生に対応できる猶予が設計できている

52 RACI

役割と責任を明確化して共有する

業務内容	鈴木	岩井	谷本	関	安達
企画書作成	R／A	I	I		C／I
要件定義書作成	A	R	I		C／I
機能設計書作成	A	R	C／I	I	I
開発計画&実施	I	R／A	R	R	I
テスト計画&実施	I	A	R	R	C／I
運用設計	I	A	R	R	C／I
マニュアル作成	I	A		R	I
ユーザー教育	I	A		R	C／I

基本情報

「RACI」は、業務の役割や責任を整理して明確化し、それを共有することで円滑な事業運営を行うためのフレームワークです。「実行責任者（Responsible）」「説明責任者（Accountable）」「相談先（Consulted）」「報告先（Informed）」の4つの役割を設定していく手法であり、それらの頭文字を取ってRACIと呼ばれます。

実行責任者（R）	業務を実行することに責任を持つ
説明責任者（A）	業務内容や進捗、状況を組織内外に説明することに責任を持つ
相談先（C）	業務の実行を支援する役割を担う ※困難が発生したときの相談先となる人
報告先（I）	業務の進捗について最新の情報を受け取る役割を担う ※報告先となる人

使い方

1 **［業務と担当者を書き出す］**：RACIを設定する業務内容と、各担当者を書き出します。業務内容を具体的に書き出す場合もあれば、プロジェクト単位で書き出す場合もあります。また、左の例では担当者を個人レベルで記載していますが、部門や役職単位で書き出す場合もあり、目的に対して適切な抽象度で設定します。

2 **［RACIを設定する］**：各業務に対して、誰がRACIの役割を担うのかを整理し、記入していきます。実行責任者と説明責任者を1人で担う場合は、「R／A」のように書きます。同じように、相談先と報告先も兼任の場合があります。ちなみにこの2つの違いは、業務の実施前に情報を共有するのが相談先、業務の実施後に情報を共有するのが報告先です。ひととおりRACIを設定したら、各役割が曖昧な部分がないかを確認し、メンバーが参照できる場所に置いて共有します。

思考が加速する問い

- Q. 責任とは何か？
- Q. 責任や役割が明確でないと起きる問題は？
- Q. 誰かがやってくれると思っている業務はないか？
- Q. 役割を果たすにはどんなアクションが必要？

CHECK POINT

- □ 各業務の役割と責任が可視化できている
- □ メンバー間の円滑な連絡が可能な状態になっている
- □ 報連相（報告・連絡・相談）のフローが明確になっている

STEP 3

改善策を考える

現状をよりよくする方法を探る

このステップでは、振り返りをした後、業務を改善する際に活用できるフレームワークを紹介します。PDCAサイクルのAction（改善）に向けて知っておくとよい手法や考え方、視点について触れていきます。

何を改善するのかという視点（What）

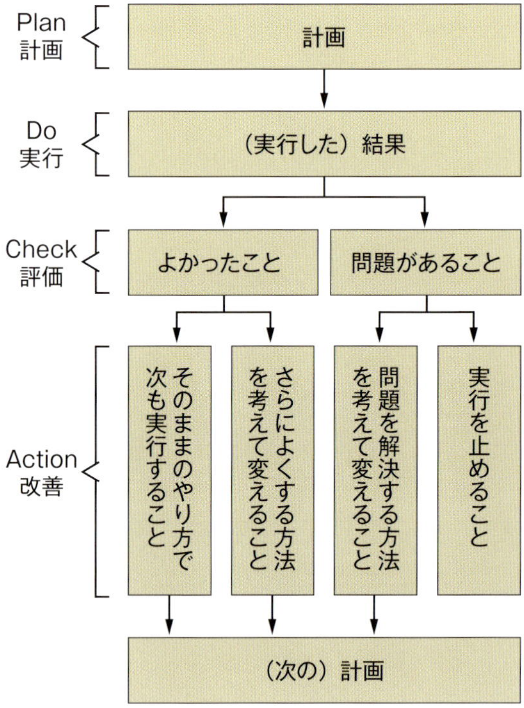

改善とは、問題のあるところを改めて、よりよい状態にすることです。そのために、まずは過去に実施したことを評価して「よいこと」と「問題があること」に振り分けます。この作業に関しては、KPTなどを紹介しました。

ここからは、実際に業務の改善に移ります。手始めに「よかったこと」を、そのまま続けるものと、さらによい方法に変えるものに分類します。そして、「問題があること」を、何かを変えればよくなるものと、止めるものに分類します。

なぜこのような分類をするかというと、「すでにうまくいっていることを、もっとよくする」ことや、「現在はうまくいっていないが、次はうまくいく状態にする」という作業が改善だからです。ここまでのステップで紹介してきたフレームワークのほか、「ムリ・ムダ・ムラ」などのフレームワークを活用し、改善のできる業務を見つけていきましょう。

よりよくするための視点（How）

改善する業務をピックアップできたら、どのように改善するかを考える必要があります。考え方の例としては、「その業務自体をなくすことができないか？」「その業務を減らすことはできないか？」などの縮小の視点や、「他の業務と組み合わせることでコストカットできないか？」といった統合の視点などがあります。「もっと丁寧に取り組む」「もっと早く処理する」のように、ただ漠然と業務をよくすることを語るのではなく、具体的な状態や方法を考えていくことが重要です。

<改善策を考える場合の視点（切り口）の例>

取り除く、削除する、縮小する、短縮する、取り替える、組み合わせを変える、統合する、分離する、順序を変える、簡略化する、外注する、自動化する など

後述の「ECRS」は、こうした視点を提供するフレームワークの1つです。上記の視点と組み合わせて活用してみてください。

また、このステップの最後には、現場のメンバーが改善案を提案するためのフォーマットの例を紹介しています。業務改善は、個人の業務にとどまる話ではありません。会議のあり方なども含め、組織全体として改善活動への意識を共有し、定着させていくための取り組みを進めていくことが大切です。

最善の状態を常にマニュアルとしてアップデートする

問題のある業務に対する改善策を考えて実行し、ベストな状態を導き出したら、マニュアルに落とし込みましょう。マニュアルにすることで、業務の標準化につながり、再現性を高めることができます。また、マニュアルは一種のツールなので、メンバーが増えたり入れ替わったりしても、同じように展開することができます。

53 ムリ・ムダ・ムラ（ダラリの法則）

効率の悪い業務を見つけ出して改善する

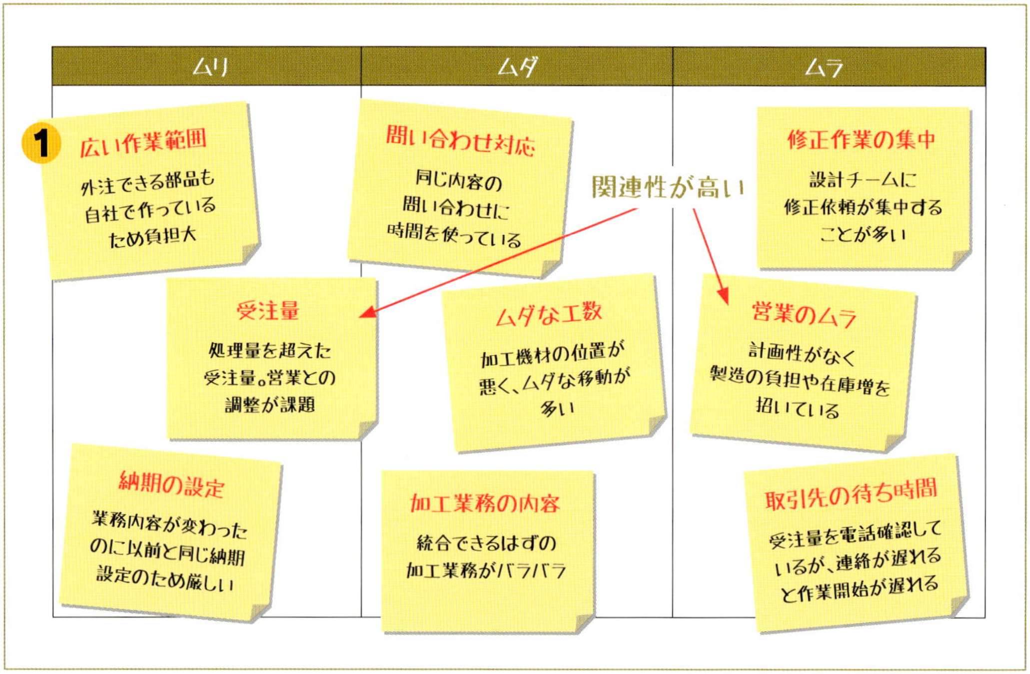

基本情報

「ムリ・ムダ・ムラ」とは、成果を出すために使っている資源（時間やお金など）の問題点を見つけ出し、改善するフレームワークです。「ムリ」とは、必要とする成果に対して資源が不足しており、負荷が高い状態です。逆に「ムダ」は、成果に対して資源が過剰に注がれており、持て余している状態です。3つ目の「ムラ」とは、業務のやり方が標準化されておらず、人やタイミングによってやり方がバラバラで、ムリやムダが複合的に発生している状態です。

ムリ	計画、納期、価格（値下げ）、能力、品質などをチェック
ムダ	時間、工程（数）、管理、調整、重複、在庫、場所、移動、運搬などをチェック
ムラ	手順、時間、管理、忙しさ、コンディション（気分や体調）などをチェック

使い方

準備 **［業務を書き出す］**：既存の業務をまず書き出します。業務棚卸シート（参照→49）を活用している場合は、シートを用意します。

1 **［問題のある業務を抽出する］**：既存の業務の中から、効率の悪い問題のある業務を抽出します。抽出する際は、業務の項目と、ムリ・ムダ・ムラのどのタイプなのか、具体的に何が問題なのかをセットで書き出していきます。

補足 **問題のある業務の書き出し方**

付箋を使って、問題項目とその概要をセットで書き出すのがオススメです。どのような業務が該当するのかを可視化し、関連する問題があれば補記します。

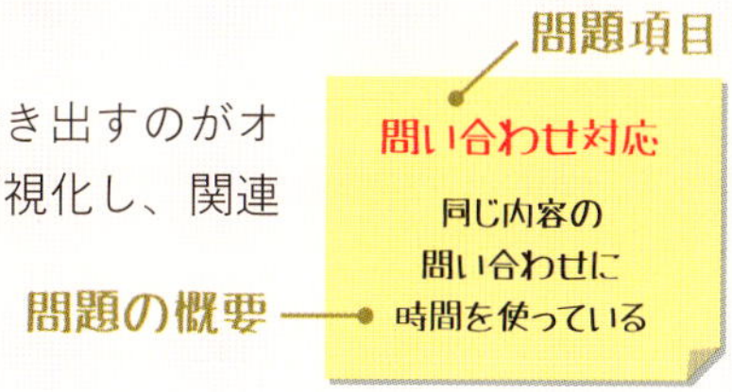

2 **［改善策を考える］**：整理した問題のある業務の中から、改善する優先順位を設定し、優先度の高いものから改善策を考えていきます。

思考が加速する問い

- Q. 10年前と同じやり方の業務はないか？
- Q. なぜムラが生じている？
- Q. 当たり前だと決めつけていることはないか？
- Q. 複数の問題と関連するものはあるか？

CHECK POINT

- □ 何が効率の悪い業務なのかを把握できている
- □ 書き出した問題の現場イメージが共有できている
- □ ボトルネックとなるような問題のある業務を特定できている

54 ECRS

業務を効率化するための改善策を考える

業務内容	E：取り除く	C：統合する	R：取り替える	S：簡素化する
1 問い合わせ対応	電話対応をやめてチャット対応	メンバーを決めて、問い合わせ対応を一元化	対応時間を制限する	FAQを読んでもらえるように導線を設計
社内報告書の作成業務	2 報告書の作成が必要な業務を減らす			全社共通のWebフォームに簡単な内容を入力するだけにする
毎週の定例会議	定例会議は廃止する	毎月1回の定例会議にまとめる	支店のメンバーはWebで参加できるようにする	
部門ごとに毎月実施している社内勉強会	社内勉強会は廃止、個人学習用の予算を設ける	部門合同で実施。部門間の交流にもなる	勉強会の運営を外注する	3時間の講習→50分の朝活にシフト

基本情報

「ECRS（イクルス）」は、業務を効率化する改善策を考えるためのフレームワークです。具体的には、「Eliminate（取り除く）」「Combine（統合する）」「Rearrange（取り替える）」「Simplify（簡素化する）」の4つの切り口から改善アイデアを考えます。

4つの切り口の中では、Eが最も改善効果が高く、C、R、Sという順に続きます。最初に考えるべきは、業務そのものを削除する（やらなくてもよくする）ことです。当たり前にやっていることに対して、「なぜこの業務が必要なのか？」と問いかけてみると、省ける業務や、簡素化できる業務が案外あふれていることに気が付きます。業務の内容、流れ、手順、時間、素材、組み合わせ、場所、担当者など、幅広い範囲でECRSに当てはめて考えてみてください。

使い方

1 **[業務を抽出する]**：改善したい業務を書き出します。まずは普段取り組んでいる業務を一覧で書き出し、その中から問題のある業務を抽出するとよいでしょう。ムリ・ムダ・ムラ（参照→53）を活用するのもオススメです。

2 **[改善案を立案する]**：抽出した業務について、ECRSの切り口から改善アイデアを考えます。まずは実現性や費用対効果などは意識せず、アイデア出しに専念します。

例 ECRSを考えるためのキーワード

取り除く（E）	取り除く、やめる、削除する、省く、断る、撤退する、手放す など
統合する（C）	統合する、まとめる、結合する、集中する など
取り替える（R）	取り替える、置き換える、代替する、入れ替える、交換する、外注する など
簡素化する（S）	簡素化する、少なくする、小さくする、コンパクトにする など

3 **[優先順位を決めて実施する]**：改善アイデアの中から実際に取り組むものを選択し、実行します。効果が得られたものは、マニュアルに反映するなどして標準化し、共有します。

思考が加速する問い

Q. 各業務の存在目的は何だろうか？

Q. 生産性を高めるとどのようなメリットがある？

Q. 他業種からきたメンバーが違和感を抱いている点はないか？

Q. 機能していないITツールはないか？

CHECK POINT

- [ ] 前提にとらわれず、ECRSの各項目に沿ってアイデアを出すことができている
- [ ] 実施可能で効果の高いアイデアが見つかっている
- [ ] 生産性を高めていこうというマインドが共有できている

55 業務改善提案シート

現場のリアルな声を吸い上げる

タイトル：来客情報の共有　　作成日 18/8/21　　作成者氏名 総務／高橋

1	現状	アポイント情報が共有されておらず、お客様を待たせてしまうことがある。 会議室が埋まっていて、事務所から近くのカフェに移動することもある。
2	改善内容	ホワイトボードに来客情報を記入する。 入口に来客者情報を記入したウェルカムボードを設置する。
3	期待効果	事前に来客情報を共有しておくことで、誰が対応してもスムーズな誘導が可能となり、ストレスや不安感を与えなくて済む。
4	必要コスト	ウェルカムボード：5,000円前後 担当者が来客情報を記入する時間：5分／日

基本情報

業務の問題点は、部門や担当、状況によってさまざまであり、マネジメント担当者が会議室でワークショップをするだけでは、現場のリアルな問題を発見することはできません。そこで、メンバーが感じている問題点や不満、違和感などを1つ1つ丁寧に吸い上げる必要があります。

「業務改善提案シート」はそのためのツールで、現場のメンバーが組織に対して改善提案をする際に活用できます。問題点と改善策を書き出し、期待効果と必要なコストを整理して、簡易な提案資料とするものです。このシートを活用するには、改善提案を受ける社内の制度づくりや、提案を促進する場づくりなど、組織全体として改善の文化を醸成していくための方策が必要不可欠です。改善提案シートを用いて直接ヒアリングして回るのも有効でしょう。

使い方

1 **[現状を記入する]**：問題があると感じている業務内容を書き出します。何がどのように問題なのかをわかりやすく書きましょう。このとき、問題の原因まで記すことが重要です。

2 **[改善内容を記入する]**：どのように改善するのかという提案を書き出します。定量的な情報、定性的な情報の両側面から、具体的な内容を考えることがポイントです。

3 **[期待効果を記入する]**：2の改善を行うことで得られるメリットを書きます。提案に魅力を感じてもらうための情報や、意思決定に必要となる情報を意識して整理します。

4 **[想定されるコストを記入する]**：提案内容を実施するためにコスト（人の作業やお金）が発生する場合は、必要となるコストの目安を記入します。2と3を見比べて、費用対効果が把握できる状態になっていることが理想です。また、実際にどの程度の期間で改善可能となるのかといった、時間の目安も書かれていると意思決定しやすくなります。

思考が加速する問い

Q. 業務環境の満足度は何％くらい？

Q. 現場でよく聞く不満や愚痴はどんな内容？

Q. 担当者しか知らない工夫やノウハウはあるか？

Q. 仕事を楽しくするためにはどうする？

CHECK POINT

- [ ] 業務改善提案を受け付ける組織内の制度とフローが整っている
- [ ] 記入している問題点の設定が論理的である（感情論はNG）
- [ ] 改善内容がアクションとして書き出せている

コラム　会議運営を担当する場合に押さえておきたいポイント

第5章では、業務を振り返って、問題のある点を改善する方法について触れました。KPTやYWTを始め、高い頻度で利用するものも多いです。

そこで意識しておきたいのが、会議の運営についてです。目的のない、ただ時間を浪費するだけの会議。これほどムダなものはありません。会議の運営を担当する人は、何のために会議を行うのかを事前に考えるようにしましょう。

会議を実施する前に押さえておきたいOARR

会議運営の担当者が意識しておきたいポイントを簡単にまとめたフレームワークに「OARR（オール）」があり、下記の4つを考えます。

Outcome（アウトカム）	目標、ゴール、成果物
Agenda（アジェンダ）	検討項目（議題）、進行スケジュール
Role（ロール）	役割分担
Rule（ルール）	規則

まず1つ目の「Outcome」で、何のために会議を行うのか、何を会議のゴールとするのかを考えます。2つ目の「Agenda」では、そのために何を話し合う必要があるのかを考え、時間配分を行います。3つ目の「Role」では、会議の実施中およびその前後で、誰がどんな役割を担当するのかを決めます。司会進行役や、議事録作成者といった基本的な役割のほか、事前の調査や資料など準備物の手配などをリストアップし、分担します。4つ目の「Rule」とは、会議を効果的に進めるために、参加するメンバーが守るべきルールのことです。携帯電話をマナーモードにするなどの具体的な行動に関するものもあれば、意見を最後まで聞く、意見の違いを尊重するなど、態度面に関することも決めていきます。

第6章

組織をマネジメントする

STEP 1 目的を共有する

組織の存在意義を明確化して求心力を高める

第6章では、組織やチームを築いていくための武器となるフレームワークを紹介していきます。最初のステップでは、組織として向かう未来と、個人個人が描く未来をすり合わせ、方向を一致させます。組織としてどうあるべきか、個人としてどうあるべきか（もしくはどうありたいのか）を考えていきましょう。

組織が存在する目的は何か――人は目的に集まる

組織の運営やマネジメントを考える立場にあるのであれば、その組織が何のために存在しているのかを決め、説明する必要があります。そこで欠かせないのが「ミッション・ビジョン・バリュー」です。組織にとってのWhy（ミッション、存在意義）があって、Whyに紐付いたWhat（ビジョン、ありたい姿）とHow（バリュー、行動指針）の明確化が重要であるとされ、最も重要な要素はWhyとされています（詳しくは後述）。

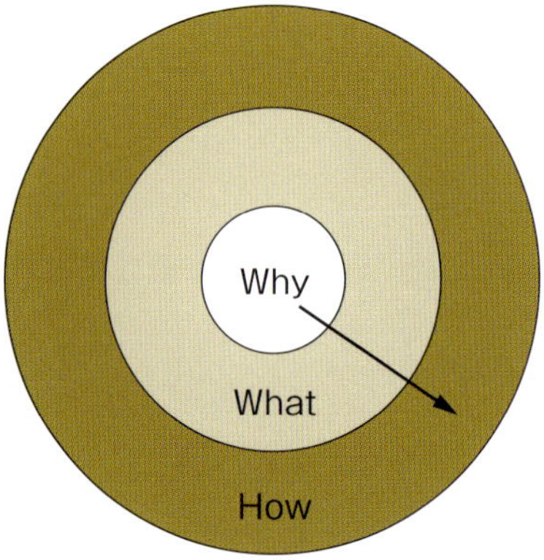

ポイントは、目的の設定の仕方によって、巻き込める人が異なることです。例えば、「若者向けの新しいシューズを開発して、業界No.1を目指す」と掲げている会社と、「すべての人のシューズ選びをもっと簡単にして、健康的な生活を実現する」と掲げている会社では、共感する人も異なってくるでしょう。

ジャンルにしても規模にしても、正解・不正解はありません。しかし、組織として世の中に貢献していこうと考えるのであれば、誰のどんな悩みを解決したいのか、社会に存在するどのような問題を解決したいのか、当事者としての視点を持った目的の設定が必要です。

組織と個人の目的が重なる部分を増やしていく

次に、組織と組織に属するメンバーとの関係における「目的」について考えてみましょう。持続的な組織を育みたいなら、組織の目的が明確であると同時に、関わるメンバーそれぞれの目的も明確になっていることが重要です。

組織の目的と、個人が抱いている目的がバラバラでは成果につながりません。組織にとっての社会的な目的が明確でも、従業員が金銭的な目的しかないような不一致な状態では、高いパフォーマンスを発揮するのは難しいでしょう。下手をすれば、空中分解するといった結果に終わるかもしれません。

組織と個人の目的が重なる部分を増やしていくことが、強い組織を作るには必要不可欠なのです。縦割りではなく、横断的なチームが組まれるようになったり、個人の働き方が多様化したりしている近年では、目的の明確化と共有は、さらに重要性を増しています。

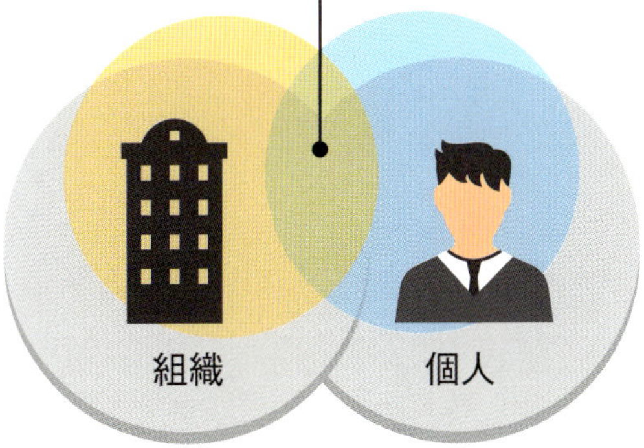

リーダーとなる人は、メンバー個人個人がどのような人生を歩んでいて、何を成したいと考えているのか、率先して耳を傾ける努力が求められます。このステップで紹介している「ミッション・ビジョン・バリュー」「Will／Can／Must」「Need／Wantマトリクス」の3つは、それぞれ形は異なりますが、共通していえるのは「何をしたいと考えているか」、つまりは「何に情熱を持っているのか」を可視化するということです。共に活動するメンバーの夢を知っていて、応援している。そんな組織は強そうだと思いませんか。組織の立ち上げ時はもちろん、数値目標を追いかけることで精一杯になりそうになったときこそ、「何のためにやっているのか」という根本に立ち返ってみてください。

56 ミッション・ビジョン・バリュー

組織の存在意義や行動指針を明確化する

1	ミッション MISSION	・食を通じて人々の暮らしに安心と幸せを届ける 食べることは生きること。私たちは、食を楽しむ機会を増やすことで、人々の幸せに貢献する。
2	ビジョン VISION	・すべての人が食を楽しむためのインフラになる 第一に、人と食との出会いを生み出す。次に、食を介して人と人とが交流できる場を生み出す。食のあり方を常にアップデートし続ける。
3	バリュー VALUE	・食に感謝する ・笑顔を大切にする ・挑戦し続ける

基本情報

「ミッション・ビジョン・バリュー」とは、組織が社会に存在する意義や役割を定義し、メンバーで共有するためのフレームワークです。企業理念や社訓として共有している組織も多いでしょう。組織の活動に関わるメンバーそれぞれが、何のためにその組織に所属し、仕事をするのかを明確にし、求心力を生み出す役割を果たします。また、第三者から見て、その組織が何のために存在しているのかをわかりやすく示すという目的もあります。

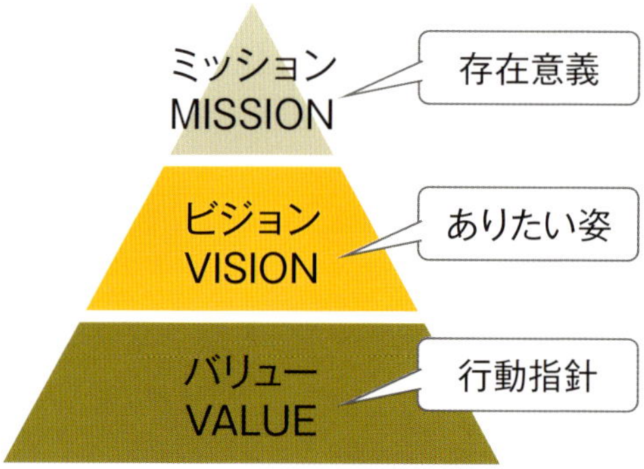

使い方

1 **[ミッションを定義する]**：ミッションとは、組織の存在意義を表すものです。個人的な狭い範囲の課題を解決するようなミッションでは、他者を巻き込んでいく求心力にはなりません。 世の中にはどのような課題があって、なぜ自分たちが解決に取り組む必要があるのかを考え、社会と紐付いたミッションを設定することが重要です。

2 **[ビジョンを定義する]**：ビジョンとは、中長期的に目指す姿・目標を表すものです。ミッションが実現された、近い将来の姿を定義します。

3 **[バリューを定義する]**：バリューとは、ミッションとビジョンを実現するために大切にする価値観や、行動指針を示すものです。組織の「あり方」を定義します。

補足 **ミッション・ビジョン・バリューを浸透させる**

ミッション・ビジョン・バリューは組織の指針となるものです。クレド（社訓）にしたり、研修で説明したりするなど、組織に途中参画するメンバーに浸透させる取り組みをすることが重要となります。

思考が加速する問い

- 世の中にはどんな課題が存在する？
- 自社が明日消えたら、世界は変わる？
- 自分が就活生なら、ミッションに共感する？
- そのミッションを掲げる必然性があるか？

CHECK POINT

- [ ] 「自社は何のために存在しているのか？」という問いに答えられるようになっている
- [ ] 組織のメンバー全員がミッション・ビジョン・バリューを理解している
- [ ] 一貫した（ブレのない）ミッション・ビジョン・バリューが設定できている

57 Will／Can／Must

最も高いパフォーマンスが発揮できる場所を探す

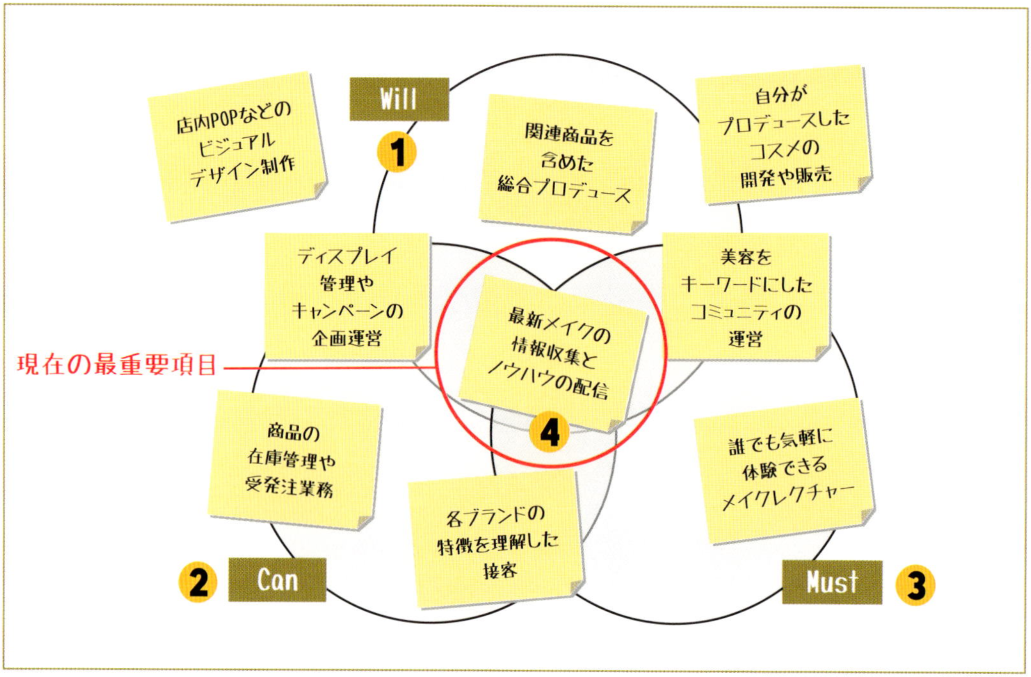

基本情報

「Will／Can／Must」は、「やりたいこと（Will）」「できること（Can）」「やるべきこと（Must）」の3つの要素で業務を整理することで、最もやりがいを持って取り組める業務を見つけ出すフレームワークです。組織としての目標や行動に加えて、現場のメンバーがやりたいことを考え、すり合わせることが、組織のパフォーマンスを高めるためには必要です。各メンバーがどのような業務をやりたいのか、現在は何に情熱を持っているのかを共有します。

ここでは、ワークショップ形式で使う場面を想定していますが、最終的にはテキストデータとして保管しておくとよいでしょう。なお、Will、Can、Mustの内容は時の流れとともに変化するため、定期的に整理するのがオススメです。

使い方

❶ **[Willを書き出す]**：事業や業務、社会の中で担いたい役割など、自分がやりたいことを書き出します。既存の取り組みはもちろん、まだ着手したことのない内容も含めて考えます。規模の大小にかかわらず、思い浮かぶものはすべて書き出しましょう。

❷ **[Canを書き出す]**：得意分野や専門スキル、経験など、自分ができることを書き出します。今はできないが、能力を磨くことで近い未来に実現できそうなことも含めて構いません。

❸ **[Mustを書き出す]**：自分がやるべきことを考えます。組織や世の中から求められていることは何か、最低限担う必要のある役割は何か、経営目標を考えると何をすべきか、といった視点で考えていくとよいでしょう。

❹ **[重なるポイントを探す]**：❶～❸を書き出したら、それらが重なる部分を探します。そして、その部分をどうやって活かしていくかを考えます。なお、今回は❶～❸の順に書き出す方法を紹介していますが、書きやすいところから書き始めて構いません。

思考が加速する問い

Q. 現在のWill：Can：Mustの比率はどれくらい？

Q. 自分の業務の中で人から喜んでもらえることは？

Q. 気付けば没頭している業務はあるか？

Q. 人生の目的は何か？

CHECK POINT

- [ ] Will、Can、Mustの領域が重なる業務がある、もしくは想定できる
- [ ] 重なる部分を増やすためにできそうな、今後の工夫を考えられている
- [ ] 組織としてのWill、Can、Mustも明確である（組織レベルでも活用可能）

58 Need／Wantマトリクス

組織と個人のベクトルを揃える

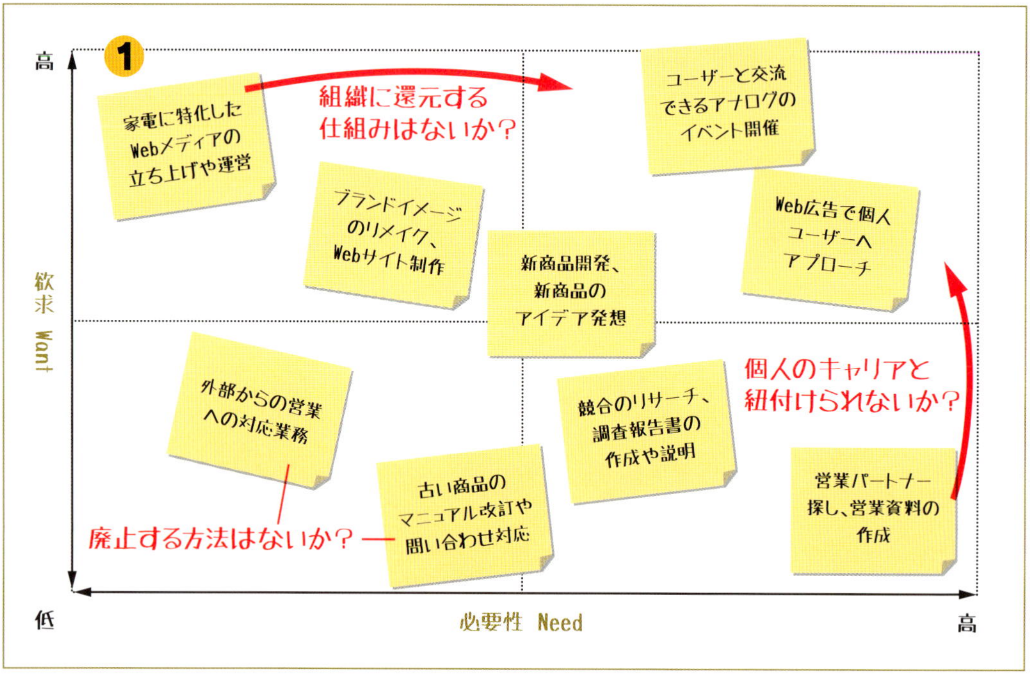

基本情報

「Need／Wantマトリクス」とは、「Need（組織にとっての必要性）」と「Want（欲求）」の2軸でマトリクスを構成し、業務の振り返りをするフレームワークです。

必要性とは、組織が掲げているミッション・ビジョン・バリュー（参照→56）と、その下にある戦略や戦術に対して、業務の貢献度や重要性を評価する軸です。欲求とは、メンバー自身にとっての重要性を示す評価軸です。個人が長期的なキャリアや目標を描いているか、そこに業務を意味付けできているかがポイントとなります。

組織と個人それぞれにとっての業務に対する重要性を振り返ることで、双方のベクトルを揃えるために用いられます。

使い方

準備 **[業務を書き出す]**：現状取り組んでいる業務を書き出します。

1 **[マトリクスで整理する]**：以下の4つの象限に業務を分類し、それぞれの業務について今後の方針を考えます。

必要性（高）× 欲求（高）	組織が目指すビジョンや目標に直結し、かつ個人のキャリアを形成するうえでもプラスとなる重要な業務。この領域の業務に集中できるほど組織が強くなる。
必要性（低）× 欲求（高）	ライフワークや趣味的な業務が分類される領域。高いモチベーションで臨めるが、組織としての持続性が低く、バランス調整や全体への貢献度向上に関する工夫が必要。
必要性（高）× 欲求（低）	義務的な業務が分類される領域。組織にとっての成果を求めてこの割合が増えすぎると、メンバーには疲労が溜まるため注意が必要。
必要性（低）× 欲求（低）	組織にとっても個人にとっても得るものが少ない領域。業務を省略したり、簡素化できる方法がないかを考える。

思考が加速する問い

Q. 働くうえで何を大切にしたいか？

Q. 業務に対する意味付けを変えられるか？

Q. 個人のキャリアプランは描けているか？

Q. 今、最もやるべきことは何だろうか？

CHECK POINT

- □ それぞれの業務が心理的にどのような位置付けにあるかを把握できている
- □ 個人にとって欲求の低い業務に対して実行する意義を見いだすことができている
- □ メンバーの意思が尊重される組織づくりができている

STEP 2

メンバー間の関係性の質を高める

お互いの個性を理解してサポートし合える関係を築く

メンバー1人1人への理解が組織を運営していくうえで重要であるということについては、前のステップでも触れました。このステップでは、メンバー同士の相互理解を促し、人間関係をよくしていく際に活用できるフレームワークを紹介します。

人の認識はバラバラであるということを認識する

自分のことを理解してもらえる環境がある。これは心理的に安心安全な場づくり、組織づくりにおいて、とても大切な要素です。自分の言っていることが理解してもらえないと思っていたり、意見を全否定されてしまうような環境では、発言することができません。また、メンバー同士の相互理解を深めることで、人間関係が原因で発生するトラブルの軽減につながります。

メンバー同士の相互理解を深めていくための第一歩は、人の認識はバラバラであるということを認識することです。同じ言葉を聞いても違うものを想像する、同じものを見ても違うことを感じる、それが人というものです。場を和らげようとした発言が、ある人にとってはバカにされたように感じたり、優しさからくる行動が、逆に相手の負担になったりと、自分と相手の認識が異なる場面は多々あります。上司と部下では考えていることが違って当たり前ですし、同じ業務を担当しているメンバー同士ですら、置かれている状況や過去の経験によって、感じることは異なります。

そこで、表面的な言動だけでなく、真意を確認して、認識を改めていく努力が必要になるというわけです。この努力を怠ると、関係性に歪みができ、気付いたときには取り返しがつかない状態になってしまっています。認識のズレがあるという前提で歩み寄る姿勢を持つこと、また、そうした歩み寄りができる組織を目指していくこと。そうすることで、メンバー同士の関係性を高め、強い組織を築くことができます。

縦の関係だけでなく、横や斜めの関係も充実させる

関係性のタイプを考えてみると、縦や横のつながりで分けることができます。指示や評価を行うことの多い上司・部下のような関係性を縦、同僚など同じレベルの関係性を横とします。

業務を実行するには縦の関係性が重要ですが、それだけだと息が詰まってつぶれてしまうこともあります。一方、横の関係性では気を許してコミュニケーションを図れるものの、仕事の悩みを解決する経験値を持っているわけではありません。

そこで重要となるのが、斜めの関係性です。これは、横のつながりのようにコミュニケーションを図ることができ、しかも経験値も持っていてアドバイスをもらえるような関係性のことです。例えば、他部署の先輩やOBなどが該当します。

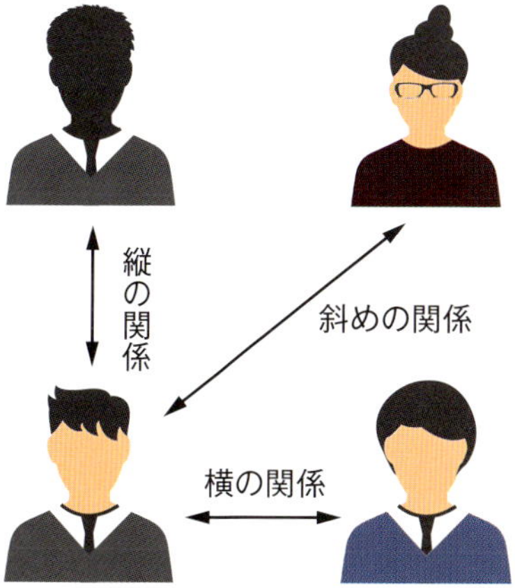

これら縦・横・斜めのつながりはそれぞれ必要で、メンバー1人1人が悩みや困りごとについて、適切な相手に相談できる状態にあることが大切です。特に新入社員や若手のメンバーは、縦の関係だけではつぶれてしまいやすいため、メンター制度などを取り入れて斜めの関係性を担保している企業もあります。他にも個別面談や社内交流会など、横や斜めの関係性を作るための工夫を行うことも、組織運営において重要な活動となってきます。

こうした横や斜めといった多様な関係性の強化と、相互理解の促進を意識して、本ステップのフレームワークを活用してみてください。

59 ジョハリの窓

メンバー間の相互理解を深める

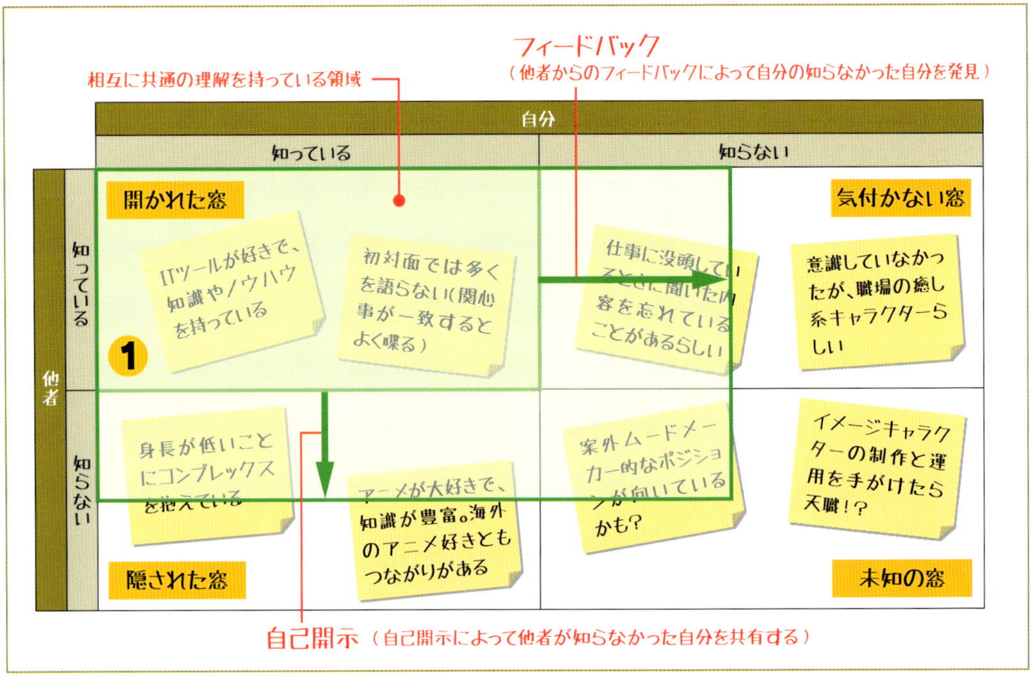

基本情報

「ジョハリの窓」とは、自分という存在について「自分で知っていること or 知らないこと」、「他者が知っていること or 知らないこと」という2つの軸で構成したマトリクスを用いて、自分や他者への理解を深めていく手法です。「開かれた窓」「隠された窓」「気付かない窓」「未知の窓」と名付けられた4つの象限を可視化していきます。この「窓を開いていく」作業では、他者への自己開示と、他者からのフィードバックを得る必要があります。このプロセスが人と人との相互理解につながり、組織の結束力を高めていくことにつながります。

ジョハリの窓の考え方はさまざまな形で応用されますが、ここではワークショップ形式でメンバー間の相互理解を深めていく方法を紹介します。自分をさらけ出す勇気と、他者からのフィードバックを真摯に受け止める姿勢を大切にして、トライしてみてください。

使い方

準備① **［自分について振り返る］**：2人でペアを組み、フィードバックシート（右図）を用意します。まずは自分自身について振り返ります。右図では、「人物像」「強み」「弱み」「得意」「不得意」の欄を設定しています。この段階で、なるべく自己開示できるように書き出します。

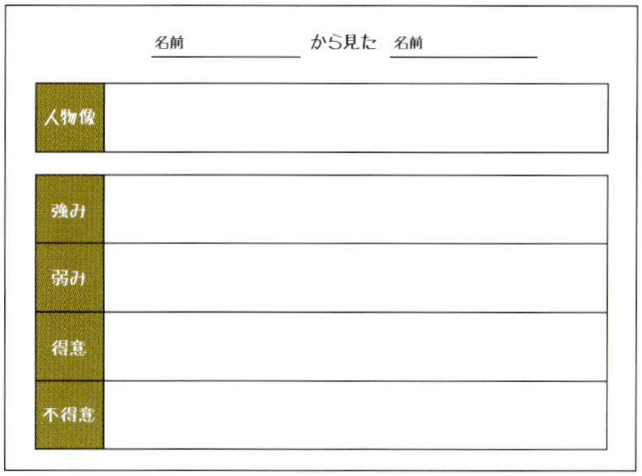

準備② **［他者について振り返る］**：新しいフィードバックシートを用意し、ペアの相手に対する客観的な認識を書き出します。「人物像」の欄には、人柄や性格、口癖、漫画のキャラクターに例えると誰かなど、外からの見え方に関する情報を記入します。

1 **［マトリクス上に整理する］**：自分について書き出したシートと、相手について書き出したシートを共有します。認識の違いに対する質問やフィードバック、積極的な自己開示を通じて相互理解を深め、マトリクス上に気付いたことを整理します。

思考が加速する問い

- Q. 自分はどんな人間か言語化できるか？
- Q. 自分以外のメンバーをどの程度知っているか？
- Q. 自分のコンプレックスは何だろうか？
- Q. 他者と理解し合えると思っていることは？

CHECK POINT

- ☐ メンバー同士の自己開示を受け入れる場を作ることができている
- ☐ ジョハリの窓を活用する前と比べて、自分の情報を開示している範囲が広がっている
- ☐ メンバー間の結び付きの数が増えている

60 認知／行動ループ

メンバー間の関係性を改善する

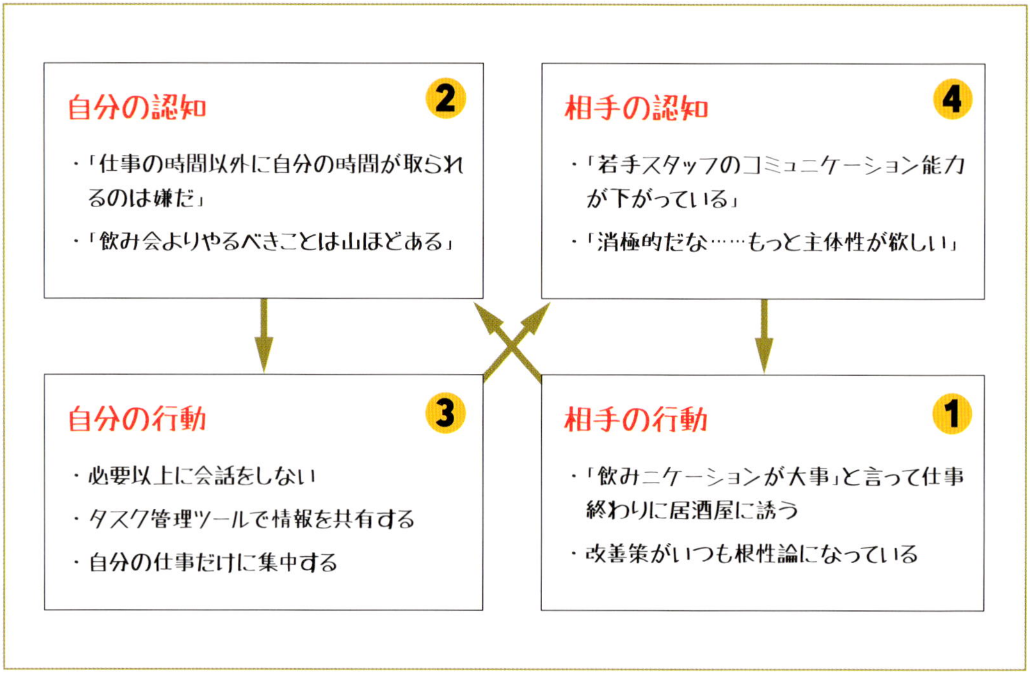

自分の認知 2
・「仕事の時間以外に自分の時間が取られるのは嫌だ」
・「飲み会よりやるべきことは山ほどある」
相手の認知 4
・「若手スタッフのコミュニケーション能力が下がっている」
・「消極的だな……もっと主体性が欲しい」
自分の行動 3
・必要以上に会話をしない
・タスク管理ツールで情報を共有する
・自分の仕事だけに集中する
相手の行動 1
・「飲みニケーションが大事」と言って仕事終わりに居酒屋に誘う
・改善策がいつも根性論になっている

基本情報

コミュニケーションにおいて、お互いの「認知」と「行動」にプロセスを分解し、そのズレを可視化して関係性を改善するフレームワークが「認知／行動ループ」です。ポイントは、コミュニケーションにおいて自分では把握できない領域があるのを知ることです。

例えば、相手の行動は目に見えて把握できますが、その背景にある感情や、置かれている状況は部分的にしか把握できません。また、無意識に発している言葉や態度などは自分で把握できませんが、相手には何かしらの情報として伝わっています。自分の認知や思考ですら、感情や状況に影響を受けており、完全に把握することは容易ではありません。このようなお互いの見えていない要素を可視化して、問題を紐解いていきます。

使い方

1 **[相手の行動を書き出す]**：関係性を改善したいと考えている相手を1人設定し、問題や不満を感じる相手の行動を書き出します。具体的な言葉や行動を記入しましょう。

2 **[自分の認知を書き出す]**：相手の行動について、自分はどう認知して受け止めているか、どのような感情を抱いているかを書き出します。

3 **[自分の行動を書き出す]**：2の結果、自分はどのような発言や行動、態度を取っているかを書き出します。

4 **[相手の認知を書き出す]**：3によって、相手はどのように認知していて、どのような感情を抱いているかを想像して書き出します。行動との関係があるかもあわせて考えます。

5 **[共有して対話する]**：書き出した内容を相手と共有します。相手を攻めるのではなく、関係性を改善したいという想いを前提として伝えてから、自分が感じていることを説明します。先に自分が悪かったことを謝って、次にお互いの認識のズレや誤解を解き、これからどうするかを建設的に話し合いましょう。

思考が加速する問い

- 相手の行動の背景には何がある？
- 相手はどんな人にも同じ態度なのか？
- 自分の人間関係の問題に共通パターンはないか？
- 感情と事実を切り分けて考えると？

CHECK POINT

- □ 相手が悪いという認識を捨て、自分にも非があることを受け入れられている
- □ 認知と行動を共有したうえで、認識のズレをすり合わせることができている
- □ 今後の関係性をよりよくしていくための改善点や工夫点が見つかっている

61 ウォント／コミットメント

メンバー同士の協力を促す

ウォント（期待していること）①	コミットメント（自分が貢献できること）②
・PRの方法やプロセスを学びたい ・プレスリリースの書き方を知りたい ・メンバーを元気付けられるようなキャラクターでいたい ・後輩に厳しいことを伝えるときの接し方が知りたい	・Webサイトやアプリ構築のプログラミングができる ・会議の運営が得意 ・プロジェクト管理の方法を設計して提案する ・人と話すのが好きなので、懇親会を企画・運営する

基本情報

「ウォント／コミットメント」は、チームや組織に対して個人が期待していること（ウォント）と、貢献できること（コミットメント）を共有して、メンバー間の協力を促進するフレームワークです。初めて顔を合わせるメンバーでチームを組むような場面はもちろん、既存の組織のメンバー同士でも活用することができます。

既存の組織で活用する場合、一緒に業務を行っているメンバーだけでなく、普段交わることのない他部門のメンバー同士がお互いのウォントとコミットメントを共有することで、新たな問題解決の糸口を発見できるかもしれません。多様なメンバーで活用してみてください。ポイントは、「自分はどのように他者に貢献できるか」という視点で考えることです。

使い方

1 **［ウォントを書き出す］**：個人でシートを用意し、チームや組織、活動の中で期待していること、求めていること、手に入れたいと思っているもの、助けてほしいことなどをウォントに書き出します。ちょっとした要望や、自分の弱みなどもここに記載しておくことが、他者のコミットメントを活かすことにつながります。

2 **［コミットメントを書き出す］**：自分が他者やチームに貢献できることをコミットメントに書き出します。自分の資源やスキル、メンバーへの関わり方などを記入します。

3 **［協力し合える要素を探す］**：各人のウォントとコミットメントをメンバー全員で共有します。ウォントをいかに満たしていくか、コミットメントを見ながらアイデアを考えていきます。また、この段階で容易にウォントを満たすことのできるコミットメントがあれば、すぐにスケジュールを決めて実行します。

思考が加速する問い

Q. 経験や知識を共有できているか？

Q. 周りのメンバーは何に苦戦している？

Q. 能力をより発揮するために助けてほしいことは？

Q. チームとして最大の成果を得るためには？

CHECK POINT

- ウォントに数が偏りすぎず、コミットメントも揃っている
- メンバーおよびチームとして、持っている資源を再確認できている
- ウォントとコミットメントが一致するものは実行する準備ができている

62 PM理論

能力の特性別にリーダーシップの育て方を考える

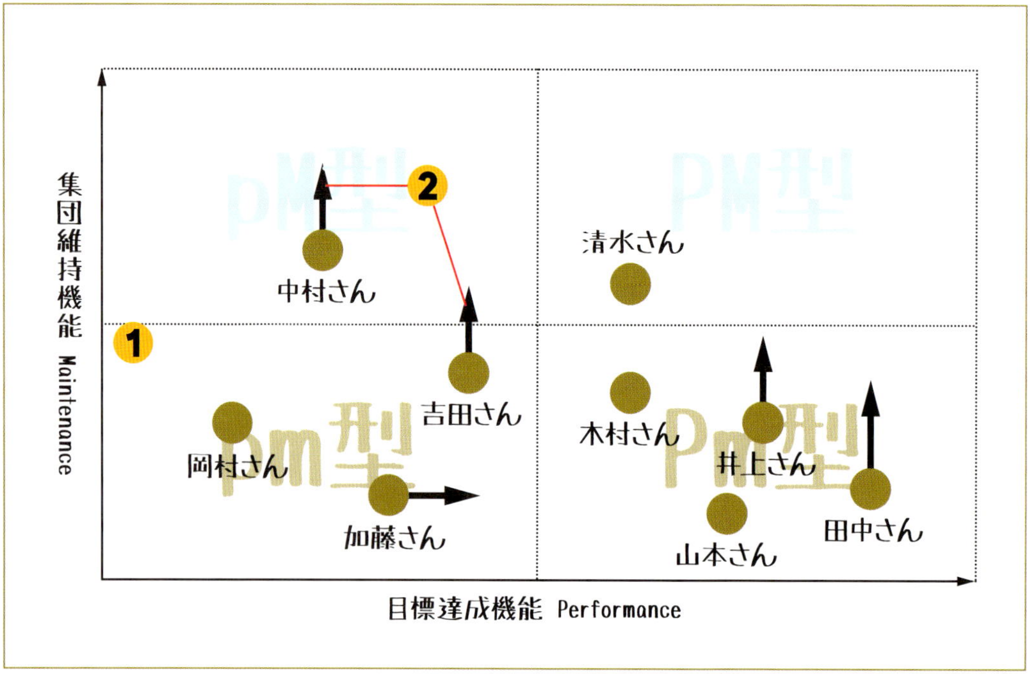

基本情報

「PM理論」は、リーダーシップの分類や育成方針を考える手法です。「目標達成機能（Performance function）」と「集団維持機能（Maintenance function）」の2つの能力の強弱から、メンバーのリーダーシップをPM型・Pm型・pM型・pm型の4つに分類します（それぞれ、大文字は能力が高く、小文字は能力が低いことを表す）。

目標達成機能（P）とは、業務で必要となる専門スキルや業務スキルといった、具体的な業務遂行能力です。一方、集団維持機能（M）とは、人間関係や場づくりに貢献して、集団としての能力を維持する能力、結束力を高める能力のことを表します。最も理想とするのは、PM型人材の多いチームです。しかし、PM型の人材の獲得は難しく、Pm型やpM型の人材をいかにしてPM型に育成していくか、あるいは補完し合える編成ができるかが鍵となります。

使い方

1 **[メンバーをマトリクスに配置する]**：各メンバーの目標達成機能（P）と集団維持機能（M）を考え、メンバーをマトリクス上に配置します。それぞれの能力は1人の評価で決めるのではなく、上司、部下、同僚などを交え、多面的に評価することがポイントです。

2 **[育成方針を考える]**：チーム全体としてどのような育成方針をとっていくのか、個々のメンバーに対して何を実施していくのかを考えます。左の例は、Pm型の人材に偏っており、Mを重点的に育成していくことが全体の底上げにつながります。

補足 **組織の特徴をつかむことが重要**

Pm型に偏っている組織は業績を追求する能力には長けていますが、結果だけを追って疲弊しがちです。逆にpM型に偏っている組織では、メンバーの関係は良好ですが、業績へのこだわりが弱くなります。このように組織の特徴を踏まえて、各メンバーに対する教育施策を考えていきます。

思考が加速する問い

Q. リーダーシップの定義とは何か？

Q. 自社に必要なリーダーはどんな人？

Q. 業務の中でリーダーシップを感じる瞬間は？

Q. 協力効果の大きいメンバーの組み合わせは？

CHECK POINT

- [ ] 各メンバーの能力特性が把握できている
- [ ] 組織全体のバランスが把握できている
- [ ] 今後の教育施策の方向性やポイントを見いだすことができている

63 ステークホルダー分析

組織の歪みを把握して円滑な運営を目指す

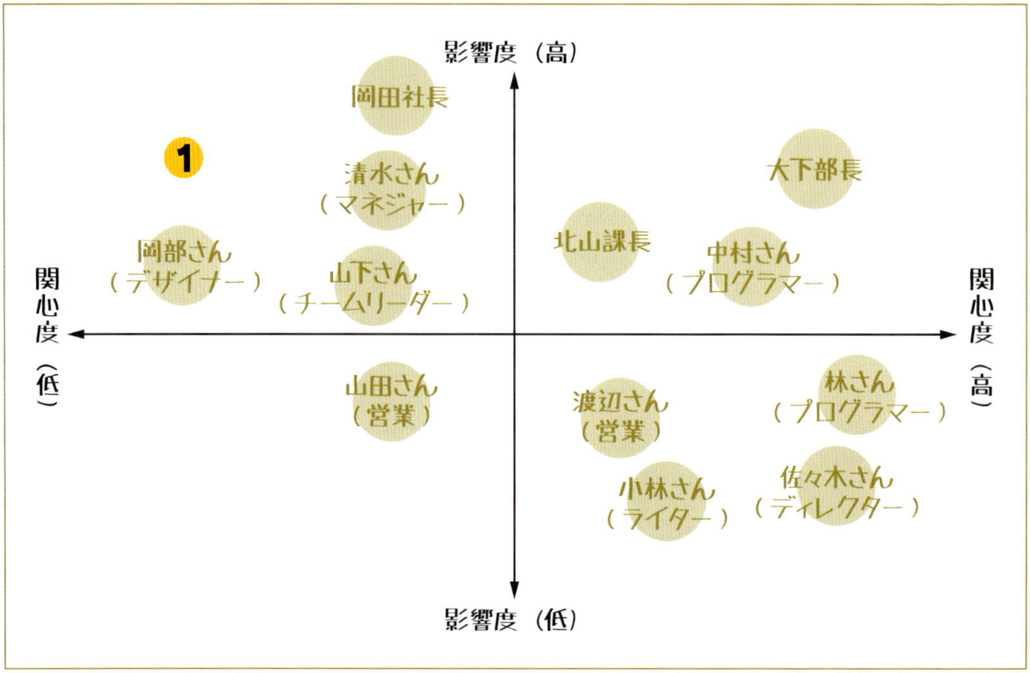

基本情報

戦略や戦術をロジカルに設計しても、「人の問題」はなかなか想定したとおりにはいきません。特に、企画や活動に人を巻き込んでいくのは難しいものです。そこで活用したいのが「ステークホルダー分析」です。ステークホルダーとは、自分たちの活動によって影響を受ける、人や組織などの利害関係者のことです。具体的には、経営者から各役職者、株主、パートナー企業、顧客、競合他社、地域住民、行政まで、直接・間接問わずあらゆる関係者のことを指します。

ステークホルダー分析では、利害関係者の中から、活動を推進していく際に重要な人物をピックアップし、どのように働きかけていくべきかを検討します。企画の運営担当者やチームリーダーのような、個人の感情や人間関係にも寄り添いながら活動を推進していく必要のある人は、押さえておきたい手法です。

使い方

準備 **[ステークホルダーを書き出す]**：ステークホルダーとなり得る人物を書き出します。

1 **[マトリクス上に配置する]**：影響度と関心度を考え、ステークホルダーをマトリクス上に配置します。影響度とは、決裁権などの権限を持っていたり、その人の一言で人が動いたりするような、影響力の強さを表します。一方、関心度とは、どれくらい協力的であるか、理解してくれているか、といった点を考えます。

2 **[巻き込み方を検討する]**：自分たちの活動に巻き込んでいくために、どう働きかけるかを検討します。その際はマトリクスだけでなく、関心事やニーズなどのさらに詳しい情報を含めたリストを用いて、情報を整理する場合もあります（右図）。

No	名前	影響度	関心度	関心事やニーズ	アプローチ内容

どのようにアプローチしていくのかを考える

思考が加速する問い

Q. キーマンは誰か？

Q. 現状のチームワークは高いと思う？

Q. 反対しているメンバーの理由は？

Q. 目的達成のために必要なメンバーの最適な人数は？

CHECK POINT

- [ ] ステークホルダーのポートフォリオが作成できている
- [ ] まずどこから働きかければよいかが明確になっている
- [ ] 協力的なメンバーが存在する（ゼロの場合は活動の内容に改善の必要あり）

STEP 3 メンバーのモチベーションを高める

モチベーションに影響を及ぼす要因を把握して、対策を考える

このステップでは、モチベーションについて考えます。組織を運営するうえで「メンバーのモチベーションを高めたい」「なぜモチベーションが低いのかわからない」と頭を抱えることも多いのではないでしょうか。ここでは、メンバーのモチベーションを左右する要素を見つけ出し、対策を考えるためのフレームワークを紹介します。

モチベーションを左右するものは人によって異なる

モチベーションは、日本語では「動機」「やる気」「意欲」などと表現されます。モチベーションが高い組織は、そうでない組織と比べて業務に主体的に取り組むことができ、高い成果を収めたり、仕事の生産性を高めたりすることができます。

組織の運営を担当する人にとって、メンバーのモチベーションを把握し、高めていくことは必須といえます。とはいえ、モチベーションに影響を及ぼす要因は人や状況によって異なるため、体系化しづらいのもまた事実です。世代によっても影響を受けている要因や、価値観は異なってきます。そこでこのステップでは、モチベーションに影響を及ぼす要素を可視化したり、共有したりできるフレームワークを紹介しています。

例えば「動機付け・衛生理論」は、どのような要素がモチベーション低下につながり、逆に高める要素は何かを考える手法です。「Will／Skillマトリクス」はやる気とスキルのバランスを見ながら、メンバーの育成施策を考える手法です。メンバーのモチベーションを向上させるための方策を考える際に活用してみてください。

マズローの欲求五段階説

モチベーションに影響を及ぼす要因を考える代表的な手法に「マズローの欲求五段階説」があります。

この説は、人が求める欲求には5つの段階があり、順にレベルが上がっていくというものです。最も低いレベルには、人が生きるために必要な食欲や睡眠といった「生理的欲求」がきます。次にくるのが安全な生活を送りたいという「安全欲求」で、心身の健康や経済的な安定などが該当します。その次に、他者とのつながりや愛情を求める「社会的欲求」があります。さらに、他者から認められたい、尊敬されたいという「尊厳欲求」へと続きます。最もレベルの高い欲求は、自らの能力やあり方を高めて、理想とする自分を実現しようとする「自己実現欲求」です。

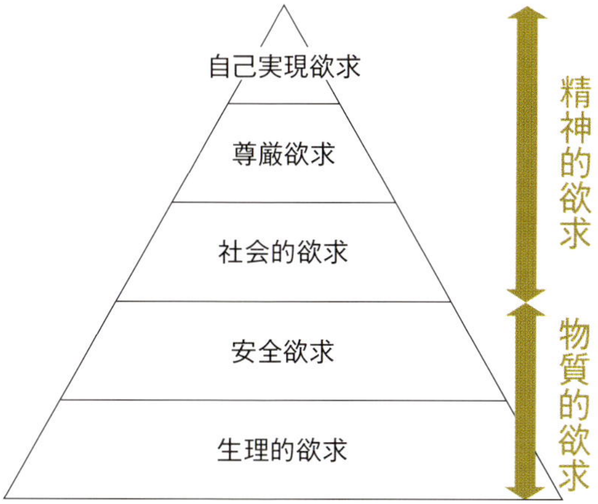

段階によって求めるものや影響される要素が異なるため、組織の運営やメンバーのモチベーション向上を考える際は、段階に応じた環境づくりや方策が必要となります。

また、下から2つの欲求をあわせて「物質的欲求」、上3つの欲求をまとめて「精神的欲求」と分類できます。現在の日本においては、物質的欲求までは満たされていることが多く、精神的欲求をいかに満たすかに焦点が当てられることが多くなっています。前のステップで紹介したメンバーの相互理解の手法も含め、社内外の関係性を築く仕組みづくり、個別面談、人事制度、評価制度、チャレンジ支援制度、キャリアデザインの支援など、段階ごとに課題と対策を考えていきましょう。

64 動機付け・衛生理論

モチベーションに影響を及ぼす要因を探る

基本情報

モチベーションに影響を与える要因を考えたとき、満たされることでモチベーションを上げるものと、満たされないことでモチベーションを下げるものの2つに分類する考え方を「動機付け・衛生理論」といいます。前者を「動機付け要因」と呼び、評価や成長、達成感などが当たります。後者は「衛生要因」と呼ばれ、職場の人間関係や業務環境、報酬の問題などが含まれます。モチベーション低下の要因を特定したり、逆に高める方法を考えるために活用できます。

動機付け要因を満たす方策と、衛生要因を満足させる方策は異なるため、それぞれに合ったやり方が必要となります。また、動機付け要因が満たされていても、衛生要因で満足できない状況では十分なパフォーマンスを発揮できないため、両方に目を向けて改善することがポイントです。

使い方

1 **［衛生要因を書き出す］**：衛生要因を書き出します。左の例は、制限や整理をせず、メンバーそれぞれが思い浮かぶことを書き出した状態です。エピソードを思い出せる場合はあわせて書き込むと、具体的なシーンを共有できるのでオススメです。また、人間関係に触れる場合がありますが、個人攻撃をするのではないという前提を共有し、安心安全な場づくりを行うことが重要です。

2 **［動機付け要因を書き出す］**：動機付け要因を書き出します。これまでの経験の中でやる気が出たシーンなどを連想し、何がモチベーションアップにつながるかを記載します。

3 **［整理して今後の方針を考える］**：モチベーションを阻害する要因は取り除けるように、そしてモチベーションを高める要因はさらに活かせるよう、今後の対策と方針を考えます。自分は気が付いていなかったことがメンバーのモチベーション低下やモチベーションアップにつながっていたら、今後は意識しておくことが必要です。ここで書き出した情報を、教育プログラムの設計や業務環境づくりに活かしていきます。

思考が加速する問い

- Q. 1週間のうちモチベーションが高い時間はどれぐらい？
- Q. モチベーションとは何だろうか？
- Q. 世代間で差があるだろうか？
- Q. 高いモチベーションを維持するのは可能か？

CHECK POINT

- [ ] シーンが想像できる（対策が考えやすい）具体的な要因が書き出されている
- [ ] メンバー間で認識のズレをすり合わせることができている
- [ ] 実現可能な改善策を考えられている

65 Will／Skillマトリクス

各メンバーに合わせた育成方針を考える

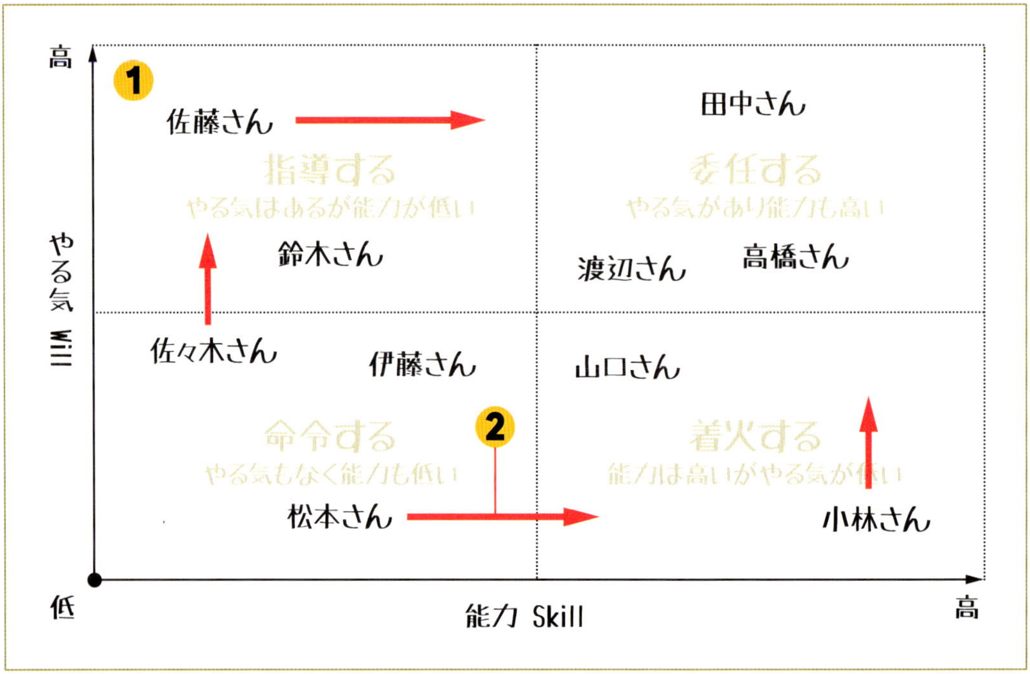

基本情報

メンバー育成にあたっては、すべてのメンバーに対して同じ教育を施してもうまくいきません。個人個人に合った方法を考えることが、人材育成の基本です。個人の「やる気（Will）」と「能力（Skill）」に応じて、育成方針を考えるフレームワークが「Will／Skillマトリクス」です。やる気と能力のバランスに合わせて、「委任」「指導」「着火」「命令」の4つの働きかけ方を使い分けます。

ここで注意しておきたいのが「やる気」の判断についてです。能力は定量的に把握しやすいですが、やる気については難しい部分があります。表面上やる気がなさそうだからといって、本当にやる気がないとは限りません。観察と対話を重ね、個人個人の気持ちや想い、感情に寄り添って考えることが必要です。

使い方

1 [各メンバーの状況を整理する]：やる気（Will）と能力（Skill）を軸としたマトリクス上に、各メンバーの現状を整理します。

2 [育成方針を考える]：各メンバーに対して、どのような育成方針をとっていくのかを考えます。4つの分類（象限）の特徴を把握したうえで、1人1人への働きかけ方を細かく考えていくとよいでしょう。

補足 象限ごとの対処法

やる気があり、能力も高い右上の象限に位置する状況のメンバーには、ある程度の権限と業務を委任することが重要です。やる気はあるが、能力が不足しているメンバーに関しては、壁を越えるための適切な指導が必要となります。能力は高いがやる気が低いメンバーには、モチベーションを高める働きかけを行い、「着火」することが有効です。そして、やる気も能力もない状況のメンバーには、ひとまず命令的姿勢で強制的に業務を遂行してもらい、成果を上げる体験の中で、やる気の向上やスキル習得を促していきます。

思考が加速する問い

Q. やる気があるメンバーがぶつかる壁は？

Q. やる気を高めている（下げている）要因は？

Q. メンバー同士で刺激し合う仕組みはあるか？

Q. やる気のないメンバーはどうすれば着火できる？

CHECK POINT

- ☐ やる気・スキルの高さについて評価する基準がある
- ☐ メンバーごとにやる気の高さとスキルの高さを可視化できている
- ☐ やる気もありスキルも高いメンバーに対して、適切な権限委譲ができている

66 GROWモデル

目標達成の支援を通じてメンバーのやる気を高める

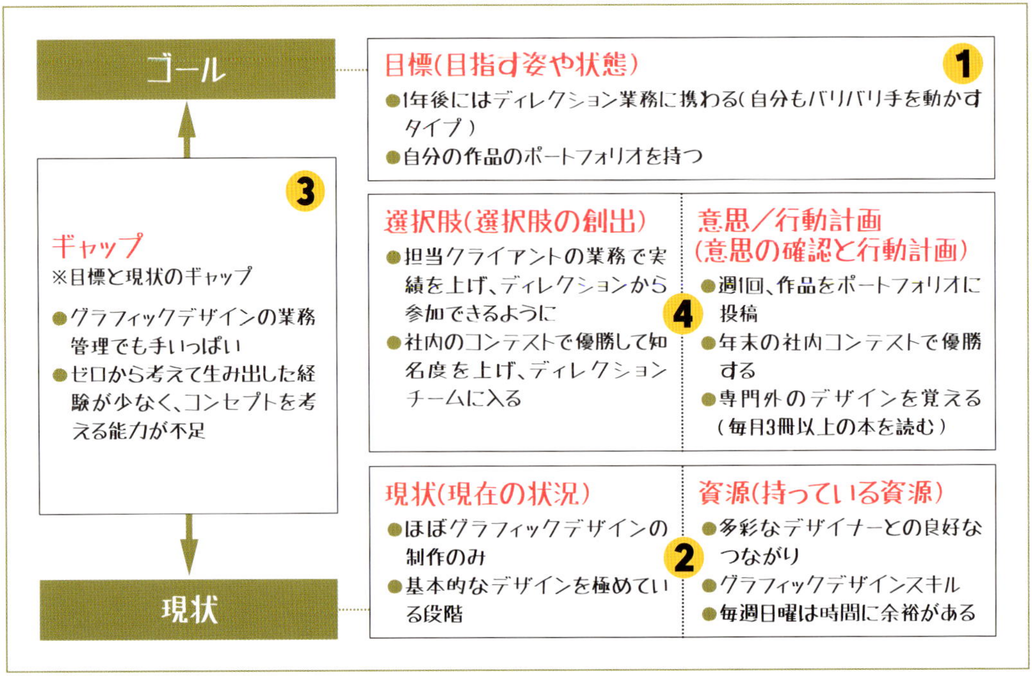

基本情報

「GROWモデル」は、コーチングの場面で活用される、目標達成を支援するフレームワークです。「目標の設定（Goal）」「現状の把握（Reality）」「資源の発見（Resource）」「選択肢の創出（Options）」「意思の確認（Will）」で構成され、メンバーの話を傾聴しながら、適切な問いを用いて意思や思考を引き出します。目指す場所と、今何をすべきかを明確にすることで、日々の業務に対するモチベーションを高めます。

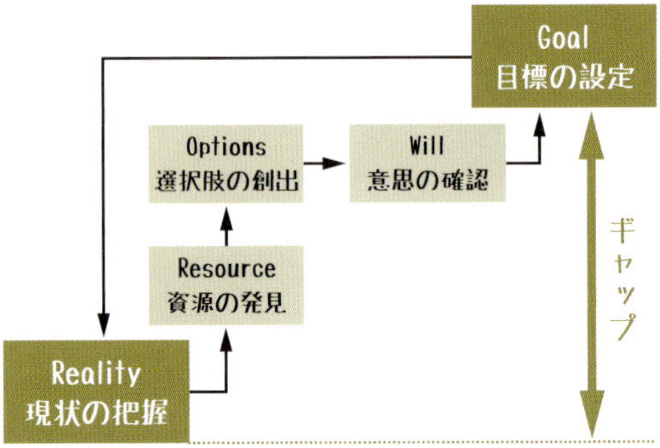

使い方

1 **[ゴールを考える]**：問題解決や、業務上の目標設定をテーマに、ゴールを設定します。どのような姿を目指したいのか、状態目標や数値目標を書き出していきます。自分事になるような目標を設定することがポイントです。

2 **[現状を把握して資源を発見する]**：現在の状況を書き出して整理します。自分が持っている資源（ヒト、モノ、カネ、知識、スキルなど）も書き出しましょう。

3 **[ギャップを書き出す]**：目標に対するギャップを記入します。ゴールに向けて何をする必要があるのかや、予想される障壁などの情報を整理していきます。

4 **[選択肢と意思を確認する]**：ゴールに到達するための選択肢（方法）を思い付くだけ書き出します。実現可能性や費用対効果などは気にせず、制限なく書き出して構いません。そして、選択肢の1つ1つについて、実行するか否か、やる気が持てるかどうかなどを確認しながら、実行する順番や期日を設定します。ゴールに至るまでの中間目標の設定や、失敗したときのリカバリー策まで考えられるとなおよしです。

思考が加速する問い

Q. 成長に必要な要素とは？

Q. 目標の設定は具体的か？

Q. 不足しているものよりも持っているものに着目すると？

Q. 支援してくれる人はどんな人？

CHECK POINT

- [ ] 自分事のチャレンジングな目標が設定できている
- [ ] 目標と現状のギャップが把握できている
- [ ] 目標に到達するための中間目標（マイルストーン）が設定できている

コラム　会議を行う際はグランドルールを設定しておく

本書で紹介しているフレームワークを活用するにあたり、会議やミーティングを行う機会があるかと思います。会議を発言しやすい安心安全な場にするため、事前に考えておきたいことの1つにグランドルールというものがあります。

グランドルールを設定する

グランドルールとは、会議やミーティング、ワークショップなどを行う際、実りのある場にするために設定するルールのことです。会議をスムーズに進行するため、事前に設定する場合もあれば、参加メンバーで会議の最初に決定する場合もあります。グランドルールは、声の大きい人（発言能力の高い人や権限を持っている人など）に引っ張られてしまって内容が偏ったり、発言に対する必要以上の否定によって場の安全性が失われてしまわないように設定します。

下記は、「安心安全な場づくり」を目的として、会議やミーティング時に適用するグランドルールの例です。作成時の参考にしてみてください。

＜グランドルールの設定例＞

- 違いを受け入れて楽しむ
- 発言やアクションを支援し合う
- 失敗を歓迎する
- 全体否定をしない（部分否定をする場合は代替案とセットで）
- 伝えることをあきらめない

第7章

他者に伝える・共有する

STEP 1

情報を伝える

企画書やプレゼンテーションの基本を押さえて、他者に正しく伝える

第1章から第6章まで、問題・課題の発見、戦略立案、組織運営の場面で活用できる考え方や手法を紹介してきました。第7章では、それらの内容を他者と共有するための手法について、補足的に紹介します。フレームワークというよりテンプレートに近いものも含まれますが、フレームワーク利用の前後で活躍するものを取り上げています。

情報を他者に伝える（誰に、何を、どのように）

本書で紹介してきたフレームワークは、調査や分析、戦略立案など、基本的には情報の収集、思考の整理・構築を行う場面で役割を果たします。それを現場で活用するには、考えた内容を他者に伝えて行動を促したり、社会や顧客に向けて情報を発信したりしていく必要があります。具体的な方法を挙げると、企画書や提案書、報告書、会議資料、プレゼンテーションのようなものですね。

自分たちが考えてきたものを他者に伝える場合は、内容が明確になるよう、6W2Hを意識します。また、専門用語を控えたり、伝える順番を考えたりするなど、相手の目線で考えることがポイントです。資料作成やプレゼンテーションなど、いずれの共有・伝達方法を取る場合にも下記の3点は特に重要なので、意識しておきたいところです。

●誰に

上司なのか、取引先なのか、プロジェクトメンバーなのか、取引先の担当者なのか……など、誰に情報を共有するのかを明確にしましょう。

●何を

改善提案なのか、提携依頼なのか、報告なのか……など、何を共有しようとしているのかを明確にしましょう。

●どのような行動を促したいのか

承認をもらいたいのか、プロセスを変更してもらいたいのか、契約をしてもらいたいのか……など、情報を共有した結果として、最終的に相手に促したい行動を明確にしましょう。

問題解決の設計図としての企画書

情報共有のための資料として代表的なものに企画書があります。企画とは問題解決の方法であり、企画書とはその方法を書面化したものです。いわば、問題解決のための設計図です。事業企画書から商品企画書、営業企画書、販促企画書まで、さまざまな場面で用いられます。

企画書の作成自体が目的化しては元も子もありませんが、複数のメンバーが1つの物事に共同で取り組むときには、認識を揃えたり、共通の言語を作ったりするために必要です。実際に企画書を書いていく際は、下記のような要素を意識して書いていきます。

＜企画書の基本的な構成要素＞

表紙	企画の内容を記載したページ（タイトル）
はじめに	企画を立ち上げた背景や想いなど
目次	資料の枚数が多い場合は作成
問題と課題	理想と現実を比較したときの問題点と課題の提示
調査結果	問題・課題を可視化する定量的な調査資料およびデータ
企画の狙い	解決策、戦略的な方向性やポイントなど
事業構造	スキームやビジネスモデル、実施体制
アクションプラン	市場への働きかけの内容
ツール企画	アクションを実行する際に必要となるツールや制作が必要なもの
スケジュール	企画を実行するスケジュールやステップ、長期的なロードマップなど
工程表	企画の実行にあたり、必要な業務の工程と担当者を整理したもの
予算計画	収支や予算の概算
総括	ポイントの振り返りや長期的な未来への展望など
参考資料	成功事例やデータなどの参考情報

上記の項目の中から必要なものを作成し、企画の内容や場面に応じて、情報を補足しながら企画書をまとめます。「商品企画書」と「イベント企画書」の例を後述するので、参考にしてください。なお、プレゼンテーションを行う際にも、上記の要素をスライドや口頭で伝えられるように内容を考えます。

67 商品企画書

商品企画の要点を書面化して共有する

<table>
<tr><td colspan="2">ターゲット
子育てをしながらバリバリ働く40代女性</td><td colspan="2" rowspan="2">商品スケッチ

</td></tr>
<tr><td colspan="2">コンセプト
腸もお肌もスッキリお手軽健康飲料</td></tr>
<tr><td colspan="2">訴求ポイント
血糖値の上昇が早く、すぐに満腹感を得られるため、ダイエット効果がある。免疫力アップや不眠症解決にも効果的。</td><td>製品
名称：糀スムージー
1本200ml。味はプレーン、イチゴ、ミックスベリー、キウイ、玄米</td><td>価格
380円（プレーン）
400円（玄米）
450円（フルーツ系）</td></tr>
<tr><td colspan="2">戦略上の目的／目標
コアなファン層、フィードバックをもらえる顧客の獲得。まずは影響力があり、定期購入してくれる人に限定流通。</td><td>流通
イベント出店またはECサイトにて販売（ECがメイン）。初期段階は定期宅配に限定。</td><td>販売促進
募集人数を限定した定期宅配のお試しキャンペーンを実施。ワークショップを定期的に実施して認知を獲得する。</td></tr>
</table>

基本情報

第１～４章で考えた内容を、新商品・サービスの企画に落とし込む場合もあるでしょう。その際に、基本情報を整理し、共有する役割を担うのが「商品企画書」です。ターゲティングやポジショニングなど、マーケティング戦略上の意図を考慮して、商品を設計します。

意識しておきたいのは、「よい商品を作るだけでなく、それをいかにして広めるかということまで連動して考える必要がある」ということです。近年では、「写真映えのするデザイン」や「ハッシュタグが印刷されているパッケージ」など、商品を市場に出した後、どのようにして拡販するのかを事前に設計して、商品企画が行われます。上の例は、商品企画を考える初期段階で使用する１枚企画書の例です。

使い方

1 [概要をまとめる]：商品企画書の骨格となる基本的な内容をまとめます。「ターゲット」「コンセプト」「訴求ポイント」「戦略上の目的／目標」を左半分で整理し、それらを満たすための商品アイデアを右半分に記入します。「商品スケッチ」には、アイデアスケッチやイメージ写真、サンプルの情報などを書き込みます。右下に、「製品」「価格」「流通」「販売促進」（4P分析、参照→18）の基本方針をあわせて設計します。

2 [深掘りする]：1の内容をメンバー（上司や取引先など）と共有します。本格的な企画書としてまとめる段階に入ったら、各項目を深掘りして資料化します。1の項目を掘り下げ、さらに本章の冒頭で挙げた「企画書の基本的な構成要素」から必要な要素を補足して、情報を具体化します。4P分析やSTP（参照→35）など、第2章や第4章のフレームワークを活用している場合は、それらの情報も資料として一緒にまとめるとよいでしょう。

思考が加速する問い

Q. 誰に向けた商品を考えている？

Q. 新規 or リピートや、属性は？

Q. 自社らしさとは何だろうか？

Q. 顧客に届ける価値は何か？

CHECK POINT

- □ 既存商品の課題を克服することができる設計になっている
- □ マーケティング施策と連動した商品設計になっている（4P分析やSTPをチェック：参照→18、35）

68 イベント企画書

イベント企画の要点を書面化して共有する

1

ターゲット	23歳から29歳の既存のお客様とその友人。美容に関心はあるものの、あまりオープンなキャラクターではなく、メイクを試すことに恥ずかしさを感じている女性。
コンセプト	変身するワクワク感の体験。プロに学ぶ簡単メイクノウハウを通じて、いつもの自分と違う自分に変身する経験を届ける。
狙い・目的	紹介連鎖を促すための定点(リズム)をつくる。いきなりエステはハードルが高いため、友人と一緒に参加しやすく、単発で楽しめる場を設ける。参加者へは継続的に情報配信し、エステへつなげる。
目標	来店頻度の高いお客様100名のうち8名の参加。そして、うち4名が1人ずつ友人を誘って参加してもらう。 →新規見込み客4名獲得/回

イベント概要

●イベントタイトル
はじめて学ぶ大人のメイクレッスン

●イベント開催日時
2018年01月27日(土)

●来場予定者数
12名

●入場料
1,000円(税込)

●タイムテーブル素案

09:40〜	受付開始
10:00〜	スタート・講師あいさつ
10:10〜	メイク基礎知識レクチャー
10:50〜	メイク練習タイム
11:30〜	アンケート
11:45〜	締めのあいさつ(告知)
12:00	完全解散
13:00〜	通常営業

●講師
株式会社△△代表
xxx xxxさん

●イメージ写真

●会場レイアウト

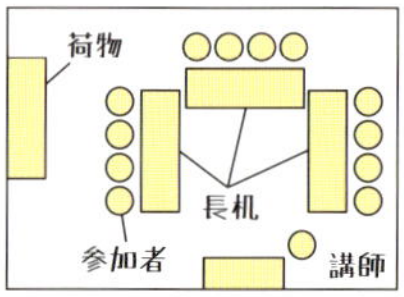

基本情報

ここでいうイベントとは、マーケティング活動で用いられる催しのことです。体験会や展示会、説明会、キャンペーン、セミナー、コンサートなどなど、さらには規模の大小やアナログかデジタルかなど、形式は多岐にわたります。通常のプロセスとは違った形で顧客とのコミュニケーションを生み出せるところがイベントのメリットといえます。また、社内の勉強会など内向けのイベントを企画する場合もあるでしょう。

イベントの企画でも、そのイベントを実施する「目的」の設定が重要です。認知獲得なのか、データベース取得なのか、商品の販売なのか……また、狙うターゲットの属性もはっきりさせる必要があります。上の例は、イベント企画を考える初期段階で使用する1枚企画書の例です。

使い方

❶ **[概要をまとめる]**：「ターゲット」「コンセプト」「狙い・目的」「目標」「イベント概要」を考えます。

❷ **[深掘りする]**：❶の内容を、企画に関わるメンバーと共有します。本格的な企画書としてまとめる段階に入ったら、各項目を深掘りして資料化します。❶の項目を掘り下げ、さらに本章の冒頭で挙げた「企画書の基本的な構成要素」から必要な項目を補足して、情報を具体化します。そのほか、イベントの目的や内容によっては下記の要素についても考えるとよいでしょう。

年間カレンダー	1年間のイベント開催計画がわかるもの（継続する場合）
スポンサード	協賛や広告を募集する場合の募集概要をまとめたもの
会場図	会場のイメージが必要な場合は、会場図や写真を整理したもの
物販資料	物品の販売を行う場合は、販売内容や目標など

思考が加速する問い

Q. 過去にどんなイベントを実施・経験してきた？

Q. イベントを行うそもそもの目的は？

Q. 「よいイベント」にはどんな条件がある？

Q. 上位の戦略にもとづいて設計しているか？

CHECK POINT

- [ ] イベントのゴールが明確に設定できている（SMARTをチェック：参照→45）
- [ ] ターゲット像と体験の流れが想定できている（ペルソナやカスタマージャーニーマップを活用：参照→15、17）

69 PREP

結論を明確にして話の内容を組み立てる

		伝えたい内容
1	結論 Point	生産性を高めるために電子マニュアルを導入すべき。
2	理由 Reason	現状、紙媒体のマニュアルを使用しているが、メンテナンス不足で問題が起きている。また、作成および管理業務に人的コストがかかっている。
3	具体例 Example	飲食店の調理マニュアルは毎月新しいメニューに更新する必要があり、作成、印刷、配布が面倒。アプリなら低コストで短時間に更新・配信可。
4	結論 Point	電子データでマニュアルを管理できるのは便利。生産性を高めるために電子マニュアルを導入すべき。 →パンフレットの紹介、料金シミュレーション

基本情報

「PREP」とは、プレゼンテーションや文章作成などの場面で活用される、論理的に説得力のある構成を考えるフレームワークです。「結論（Point）」「理由（Reason）」「具体例（Example）」「結論（Point）」の4つのステップで構成されます。

準備不足のプレゼンテーションは、言いたいことを無秩序に列挙してしまい、伝えるべきことが曖昧になってしまいがちです。相手に話を聞いてもらい、内容を理解してもらうためには、要点を整理して簡潔に伝える必要があります。PREPでは、まず結論を押さえることによって、何が言いたいのかを明確にします。さらに理由と具体例を加えて納得感とイメージを生み出し、改めて最後に結論で締めくくるという、簡潔かつ説得力のある構成を考えることができます。

使い方

❶ **[結論を考える]**：最初に結論を整理します。伝えたい内容の要点を明確にし、それが簡潔に伝わる内容であることが重要です。特に、忙しい相手にプレゼンテーションを行う場合は、最初の時点で興味を持たれなければ、以降の内容を聞いてもらえないこともあります。相手にとってのメリットを最初にはっきりと伝えることがポイントです。

❷ **[理由を考える]**：❶の結論を主張する理由を整理します。なぜなぜ分析（参照→03）や、ロジックツリー（参照→05）のWhyツリーを用いて、理由や根拠を整理していくとよいでしょう。

❸ **[具体例を考える]**：具体的な事例やデータを用いて、結論を導き出した理由を補足します。現場のシーンが思い浮かぶような共通認識を作ったり、リアルな数字を示したりすることで、共感や納得感を生み出します。

❹ **[結論を考える]**：最後に改めて結論を述べます。相手に促したい行動がある場合は、その内容と行動を起こすための方法を簡潔に伝えます。

思考が加速する問い

Q. プレゼンがうまい人と自分の違いは？

Q. 一番伝えたいことは何か？

Q. なぜ、それを伝えたいと思ったのか？

Q. 相手が壁を感じるとしたらそれは何？

CHECK POINT

- ☑ 伝えたい内容の全体像と要点を整理できている
- ☑ 理由や具体例を補足できるデータや資料を提示できる状態になっている
- ☑ まとめた内容が魅力的である（SUCCESsを使って評価する：参照→30）

70 TAPS

理想と現実のギャップから話の内容を組み立てる

	伝えたい内容
① あるべき姿 To be	自社で保有している500社のデータベースをマーケティングに活用し、紹介促進やリピート利用を促す。
② 現状 As is	過去にサービスを利用した500社の情報があるものの、放置している状態となっている。
③ 問題 Problem	顧客育成という考え方がなく、長期的なマーケティングの仕組みがない。営業力で成果を出してきたため、マーケティングへの理解が乏しい。
④ 解決策 Solution	リピート利用をしやすい商品を設計し、メールとDMを活用した定期的な情報配信を行う。そのために、顧客情報管理用のシステムを導入する。

基本情報

「TAPS」とは、理想の姿と現状のギャップを起点として、プレゼンテーションの構成を考えるフレームワークです。As is／To be（参照→01）を軸として、話す内容を設計する手法といえます。プレゼンテーションの相手が抱えている問題を起点に話を始めることから、相手が自分事として考えやすく、より説得力のあるプレゼンテーションにすることができます。

大まかな手順としては、まず相手に理想と現状のギャップ（問題）を認識してもらい、問題を解決するための方法について論じていきます。相手の中にある理想と問題を的確に突くことができるかどうかが、重要なポイントです。聞き手が自分自身では整理できていない問題の原因を言語化し、論理的に伝えることができれば、納得感を高められ、行動意欲を引き出せるでしょう。

使い方

1 [相手の理想を考える]：プレゼンテーションの聞き手にとっての理想を書き出します。そのためには、プレゼンテーションの対象者を明確にする必要があります。そのうえで、その人物が理想とする状態や成果などを書き出していきます。

2 [現状を整理する]：理想に対して、どのような現状にあるのかを書き出します。

3 [問題点を整理する]：理想と現状の間にあるギャップ（問題）を整理します。ここでは、問題の内容、具体例、その原因などをまとめます。的確にまとめて、なぜ理想に到達できていないのかを相手に認識してもらうことが大切です。

補足 1〜3のステップを促進するフレームワーク

1〜3のステップについては、As is／To beを用いて詳細に整理するのもよいですし、問題を深掘りしたい場合は、なぜなぜ分析（参照→03）も使えます。

4 [解決策を考える]：設定した問題に対して、どのような解決策が存在するのかを整理します。相手に促したい行動の内容とその方法を、最後に簡潔に伝えます。

思考が加速する問い

- Q. 本当にこの理想を抱いているか？
- Q. 問題の設定は具体的か？
- Q. すでに相手も同じことを考えていたら？
- Q. 解決策を3パターン考えると？

CHECK POINT

- □ 問題を的確に抽出できている（第1章の内容を参照）
- □ 最も訴求したい問題点が端的にまとめられている
- □ 解決策の内容が現実的で、相手が検討できる内容になっている

フレームワークの活用MAP

価値提供や問題解決に関わる直接的な活動をサポートするフレームワーク

第１章　問題・課題を発見する

As is ／ To be（1）
6W2H（2）
なぜなぜ分析（3）
コントロール可能／不可能（4）
ロジックツリー（5）
課題設定シート（6）
緊急度／重要度マトリクス（7）
意思決定マトリクス（8）

第２章　市場を分析する

PEST 分析（9）
ファイブフォース分析（10）
VRIO 分析（11）
SWOT 分析（12）
パレート分析（13）
RFM 分析（14）
ペルソナ（15）
共感マップ（16）
カスタマージャーニーマップ（17）
4P 分析（18）
4P＋誰に何を分析（19）
バリューチェーン分析（20）
コア・コンピタンス分析（21）

[小サイクル①]：
問題を深掘りする

上記の活動を支えるための内部的な活動をサポートするフレームワーク

第５章　業務を改善する

KPT（46）、YWT（47）、PDCA（48）、業務棚卸シート（49）、
PERT 図（51）、RACI（52）、ムリ・ムダ・ムラ（53）、

第６章　組織をマネジメントする

ミッション・ビジョン・バリュー（56）、Will／Can／Must（57）、
ウォント／コミットメント（61）、PM 理論（62）、

他者との情報共有をサポートするフレームワーク

第７章　他者に伝える・共有する

商品企画書（67）、イベント企画書（68）、PREP（69）、

第1章から第4章で、問題解決に関わる直接的な活動をサポートするフレームワークを紹介しています。第5章から第6章では、それらを支えるための活動を考えるフレームワークを扱っています。第7章では補足的に、他者との情報共有について触れています。

第3章　課題解決のためのアイデアを練る

ブレインライティング（22）
マンダラート（23）
形態分析法（24）
シナリオグラフ（25）
オズボーンのチェックリスト（26）
アイデアシート（27）
ストーリーボード（28）
プロコン表（29）
SUCCESs（30）
ペイオフマトリクス（31）

第4章　戦略を立案する

プロダクト･ポートフォリオ･マネジメント（32）
アンゾフの成長マトリクス（33）
クロスSWOT（34）
STP（35）
ポジショニングマップ（36）
ビジネスモデル・キャンバス（37）
スキーム図（38）
AIDMA（39）
ガントチャート（40）
組織図（41）
ロードマップ（42）
KPIツリー（43）
AARRR（44）
SMART（45）

［小サイクル②］：施策を練り込む
※分析系の手法は戦略立案時にも使用可能（戦略立案の手法を分析にも使用可）

［大サイクル］：実践後は、結果をもとに次なる問題解決へ進む

業務フロー図（50）、
ECRS（54）、業務改善提案シート（55）

Need ／ Want マトリクス（58）、ジョハリの窓（59）、認知／行動ループ（60）、
ステークホルダー分析（63）、動機付け･衛生理論（64）、Will／Skillマトリクス（65）、GROWモデル（66）

TAPS（70）

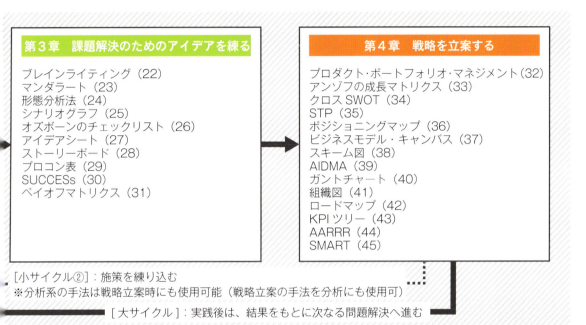

フレームワーク活用場面の一覧表

No	名称	問題発見	分析	アイデア発想	戦略立案	業務改善	組織開発	情報共有
1	As is／To be	●	●		●	●		
2	6W2H	●	●	●	●	●	●	●
3	なぜなぜ分析	●	●			●	●	
4	コントロール可能／不可能	●	●			●	●	
5	ロジックツリー	●	●	●	●	●	●	●
6	課題設定シート	●				●		●
7	緊急度／重要度マトリクス	●		●	●	●	●	
8	意思決定マトリクス	●		●	●	●	●	
9	PEST分析		●					
10	ファイブフォース分析		●					
11	VRIO分析		●					
12	SWOT分析		●					
13	パレート分析		●					
14	RFM分析		●					
15	ペルソナ		●		●			
16	共感マップ		●		●			
17	カスタマージャーニーマップ	●	●		●			
18	4P分析		●		●			
19	4P＋誰に何を分析		●		●			
20	バリューチェーン分析	●	●		●	●		
21	コア・コンピタンス分析		●					
22	ブレインライティング			●				
23	マンダラート	●		●				
24	形態分析法		●	●				
25	シナリオグラフ			●				
26	オズボーンのチェックリスト			●				
27	アイデアシート			●				●
28	ストーリーボード			●	●			●
29	プロコン表	●		●	●	●	●	
30	SUCCESs			●				●
31	ペイオフマトリクス	●		●	●	●	●	
32	プロダクト・ポートフォリオ・マネジメント		●		●			
33	アンゾフの成長マトリクス				●			
34	クロスSWOT		●		●			
35	STP		●		●			

各フレームワークは、紹介している章のみでなく、さまざまな場面で活用することができます。下記の表は、それぞれのフレームワークが効果を発揮する主な場面にマークを入れたものです。

No	名称	問題発見	分析	アイデア発想	戦略立案	業務改善	組織開発	情報共有
36	ポジショニングマップ		●		●			
37	ビジネスモデル・キャンバス		●		●			
38	スキーム図				●			●
39	AIDMA		●		●			
40	ガントチャート				●	●		●
41	組織図				●	●	●	●
42	ロードマップ				●			●
43	KPIツリー	●	●		●	●	●	●
44	AARRR	●	●		●			
45	SMART				●			
46	KPT	●				●		
47	YWT					●	●	
48	PDCA	●	●		●	●	●	
49	業務棚卸シート	●				●	●	●
50	業務フロー図					●		●
51	PERT図					●		●
52	RACI					●	●	●
53	ムリ・ムダ・ムラ	●				●		
54	ECRS			●		●		
55	業務改善提案シート	●				●		●
56	ミッション・ビジョン・バリュー				●		●	●
57	Will／Can／Must	●					●	
58	Need／Wantマトリクス	●					●	
59	ジョハリの窓						●	
60	認知／行動ループ						●	
61	ウォント／コミットメント						●	
62	PM理論						●	
63	ステークホルダー分析						●	
64	動機付け・衛生理論	●					●	
65	Will／Skillマトリクス	●					●	
66	GROWモデル	●			●		●	●
67	商品企画書				●			●
68	イベント企画書				●			●
69	PREP							●
70	TAPS							●

参考文献・Webサイト

●第1章

・『トヨタ生産方式——脱規模の経営をめざして』（大野耐一著／ダイヤモンド社／1978年）
・『7つの習慣—成功には原則があった！』（スティーブン・R・コビィー、ジェームス・スキナー著／川西茂訳／キングベアー出版／1996年）

●第2章

・『コトラー&ケラーのマーケティング・マネジメント 第12版』（フィリップ・コトラー、ケビン・レーン・ケラー著／恩藏直人監修／月谷真紀訳／丸善出版／2014年）
・『競争の戦略』（マイケル・E・ポーター著／土岐坤 、中辻萬治、服部照夫訳／ダイヤモンド社／1995年）
・『企業戦略論 上 基本編 競争優位の構築と持続』（ジェイ・B・バーニー著／岡田正大訳／ダイヤモンド社／2003年）
・『コンピュータは、むずかしすぎて使えない！』（アラン・クーパー著／山形浩生訳／翔泳社／2000年）
・『ペルソナ戦略—マーケティング、製品開発、デザインを顧客志向にする』（ジョン・S・プルーイット著／秋本芳伸訳／ダイヤモンド社／2007年）
・『Web制作者のためのUXデザインをはじめる本 ユーザビリティ評価からカスタマージャーニーマップまで』（玉飼真一、村上竜介、佐藤哲、太田文明、常盤晋作、株式会社アイ・エム・ジェイ著／翔泳社／2016年）
・『マッピングエクスペリエンス —カスタマージャーニー、サービスブループリント、その他ダイアグラムから価値を創る』（ジェームス・カルバック著／武舎広幸、武舎るみ訳／オライリージャパン／2018年）
・「Updated Emphathy Map Canvas」https://medium.com/the-xplane-collection/updated-empathy-map-canvas-46df22df3c8a（The XPLANE Collection／A Medium Corporation）
・「The Anatomy of an Experience Map」http://www.adaptivepath.org/ideas/the-anatomy-of-an-experience-map/（Adaptive path）
・『競争優位の戦略—いかに高業績を持続させるか』（マイケル・E・ポーター著／土岐坤訳／ダイヤモンド社／1985年）
・『コア・コンピタンス経営—未来への競争戦略』（ゲイリー・ハメル、C・K・プラハラード著／一条和生訳／日本経済新聞社／2001年）
・『ストラテジック・マインド—変革期の企業戦略論』（大前研一著／田口統吾、湯沢章伍訳／プレジデント社／1984年）
・『Webコンテンツマーケティング サイトを成功に導く現場の教科書』（株式会社日本SPセンター著／エムディエヌコーポレーション／2015年）

●第3章

・『超メモ学入門 マンダラートの技法—ものを「観」ることから創造が始まる』（今泉浩晃著／日本実業出版社／1988年）
・『創造力を生かす—アイディアを得る38の方法』（アレックス・F・オズボーン著／豊田晃訳／創元社／2008年）
・『アイデアのちから』（チップ・ハース、ダン・ハース著／飯岡美紀訳／日経BP社／2008年）

●第4章

・『BCG戦略コンセプト』（水越豊著／ダイヤモンド社／2003年）
・『企業戦略論』（H・I・アンゾフ著／広田寿亮訳／産業能率大学出版部／1985年）
・『コトラーのマーケティング・コンセプト』（フィリップ・コトラー著／恩藏直人監訳／大川修二訳／東洋経済新報社／2003年）
・『コトラー&ケラーのマーケティング・マネジメント 第12版』（フィリップ・コトラー、ケビン・レーン・ケラー著／恩藏直人監修／月谷真紀訳／丸善出版／2014年）

- 『ビジネスモデル・ジェネレーション ビジネスモデル設計書』（アレックス・オスターワルダー、イヴ・ピニュール著／小山龍介訳／翔泳社／2012年）
- 『ロードマップのノウハウ・ドゥハウ』（HRインスティチュート著／野口吉昭編／PHP研究所／2004年）
- 「Startup Metrics for Pirates: AARRR!!!」https://www.slideshare.net/dmc500hats/startup-metrics-for-pirates-long-version/（デイブ・マクルーア／SlideShare）
- 『起業の科学 スタートアップサイエンス』（田所雅之著／日経BP社／2017年）
- 『いちばんやさしいグロースハックの教本 人気講師が教える急成長マーケティング戦略』（金山祐樹、梶谷健人著／インプレス／2016年）
- 『これだけ！ SMART』（倉持淳子著／すばる舎／2014年）
- 『競争の戦略』（マイケル・E・ポーター著／土岐坤 、中辻萬治、服部照夫訳／ダイヤモンド社／1995年）

第5章

- 『アジャイルソフトウェア開発』（アリスター・コーバーン著／株式会社テクノロジックアート訳／ピアソン・エデュケーション／2002年）
- 『場のマネジメント 実践技術』（伊丹敬之、日本能率協会コンサルティング編／東洋経済新報社／2010年）
- 『自分を劇的に成長させる！ PDCAノート』（岡村拓朗著／フォレスト出版／2017年）
- 『日本的品質管理―TQCとは何か＜増補版＞』（石川馨著／日科技連／1984年）
- 『トヨタの元工場責任者が教える 入門トヨタ生産方式―あなたの会社にも「トヨタ式」が導入できる』（石井正光著／中経出版／2004年）
- 『［改訂新版］ 人間性の心理学―モチベーションとパーソナリティ』（A・H・マズロー著／小口忠彦訳／産能大出版部／1987年）

第6章

- 『ネクスト・ソサエティ ― 歴史が見たことのない未来がはじまる』（ピーター・F・ドラッカー著／上田惇生訳／ダイヤモンド社／2002年）
- 『U理論――過去や偏見にとらわれず、本当に必要な「変化」を生み出す技術』（C・オットー・シャーマー著／中土井僚、由佐美加子訳、英治出版／2010年）
- 『リーダーシップの科学―指導力の科学的診断法』（三隅二不二著／講談社／1986年）
- 『新版 動機づける力―モチベーションの理論と実践』（DIAMOND ハーバード・ビジネス編集部著／ダイヤモンド社／2009年）
- 『はじめのコーチング』（ジョン・ウィットモア著／清川幸美訳／SBクリエイティブ／2003年）

第7章

- 『スパッと決まる！ プレゼン3ステップで結果を出せるトータルテクニック』（山田進一著／翔泳社／2011年）
- 『高橋憲行の「企画書の書き方」がわかる本―必ず相手を納得させるプロの技術』（高橋憲行著／大和出版／1999年）

全般

- 『ビジネス・フレームワーク』（堀公俊著／日本経済新聞出版社／2013年）
- 『アイデア発想フレームワーク』（堀公俊著／日本経済新聞出版社／2014年）
- 『グロービスMBAキーワード 図解 基本フレームワーク50』（グロービズ著／ダイヤモンド社／2015年）
- 『グロービスMBAキーワード 図解 基本ビジネス分析ツール50』（グロービズ著／ダイヤモンド社／2016年）
- 『知的生産力が劇的に高まる最強フレームワーク100』（永田豊志著／SBクリエイティブ／2008年）
- 『問題解決フレームワーク大全』（堀公俊著／日本経済新聞出版社／2015年）
- 『フレームワーク使いこなしブック』（吉澤準持著／日本能率協会マネジメントセンター／2010年）
- 『ファシリテーターの道具箱―組織の問題解決に使えるパワーツール49』（森時彦著／ダイヤモンド社／2008年）

【著者プロフィール】

小野 義直（おの・よしなお）

株式会社アンド代表取締役。大学卒業後、6年間勤めた広告代理店の倒産を機に独立。仮説検証と実践サイクルをスピーディーにまわし、段階的に完成度を高めていくことを強みとする。これまで小売・サービス業を中心として構造設計からコミュニケーション戦略構築まで1,000社以上を支援。幾多のプロジェクトを支援する中でプロジェクトリーダー養成と組織開発の重要性を感じ、現在は個人と組織の変容支援にも従事している。

宮田 匠（みやた・たくみ）

株式会社アンド取締役。広報PR、Webマーケティングにおける業務全般を担当する。自社運営サイト「ひらめきEX」にて、企画書の書き方やビジネスフレームワークの活用法に関する情報配信を担当。現在は言葉と思考の関係性に関心を持って探究中。

●企画立案・企画書作成をサポートするWebサイト
「ひらめきEX」https://www.kikakulabo.com/

装丁　大岡喜直（next door design）
本文デザイン　相京厚史（next door design）
DTP　BUCH+

ビジネスフレームワーク図鑑
すぐ使える問題解決・アイデア発想ツール70

2018年8月29日　初版第1刷発行
2019年9月10日　初版第10刷発行

著者　株式会社 アンド
発行人　佐々木 幹夫
発行所　株式会社 翔泳社（https://www.shoeisha.co.jp）
印刷・製本　株式会社 シナノ

ISBN978-4-7981-5691-0　Printed in Japan